Louco por Café

Antonello Monardo

(Pazzo per il caffè)

SENAC • Serviço Nacional de Aprendizagem Comercial-DF

Presidente do Conselho Regional
Adelmir Santana

Diretor Regional
Luiz Otávio da Justa Neves

Editora Senac Distrito Federal
Coordenador
Luiz Otávio da Justa Neves

Editora-chefe
Bete Bhering
(mariabh@senacdf.com.br)

Coordenação Comercial
Antonio Marcos Bernardes Neto (marcos@senacdf.com.br)

Coordenação Editorial
Gustavo Coelho
(gustavo.souza@senacdf.com.br)

Equipe da Editora Senac-DF
Bete Bhering , Gustavo Coelho e Nair Ofuji

Editora Senac Distrito Federal
SIA Trecho 3, Lotes 625/695, Shopping SIA Center Mall, Loja 10
CEP 71200-030 Guará, DF | Telefone: (61) 3313-8789 | E-mail: editora@senacdf.com.br
Site: www.editora.senacdf.com.br

Projeto Gráfico / Diagramação / Capa | Gustavo Coelho
Organizador| Antonello Monardo
(antonello@monardo.com.br
www.monardo.com.br)
Texto e Revisão | Leandro Fortes
Ilustração | Luigi Pedone
Fotografia | Daniel Madsen
Foto capa | Telmo Ximenes
Revisão de prova | Nair Ofuji

Editora Senac Distrito Federal, 2014

Dados Internacionais de Catalogação na Publicação (CIP)

F738l
Fortes, Leandro.
Louco por café, Antonelo Monardo = Pazzo per il caffè, Antonelo Monardo / Leandro Fortes 2.Ed. - Brasília: Senac-DF, 2014.
94 p.: il.; 16,5 x 24 cm

Textos em português e italiano.
ISBN 978-85-62564-40-6

1. História do café 2.Gastronomia I. Monardo, Antonello.
II. Título

CDU 633.73(091)=131.1

texto: Leandro Fortes

2ª Edição

Louco por Café
Antonello Monardo

(Pazzo per il caffè)

Senac

Brasília - 2014

Prefácio

É um costume antigo sentar-se à mesa e tomar um café, seja para conversar, para ler, pensar ou para passar o tempo. Mas não imaginamos de onde vem essa cultura, como é possível criar a melhor combinação e um sabor de qualidade. O livro responde a essas questões, além de contar a história de um guerreiro.

Com a idéia de uma obra única, Antonello Monardo contou sua trajetória ao jornalista Leandro Fortes, que narra com destreza desde a descoberta do café, passando pela vida de seu avô, até o sucesso de suas combinações perfeitas e receitas deliciosas. Somente um louco por café como Antonello poderia ter a idéia de um livro tão interessante.

Esta é definitivamente uma obra indispensável aos adoradores do café. Além de contar os segredos de suas receitas com o café, Antonello, como um bom italiano, mantém sua origem e coloca seu livro em duas línguas: português e italiano. Delicie-se com esta leitura.

Adelmir Santana
Presidente do Senac-DF

Prefazione

È un'antica abitudine sedersi a tavola e bere un caffè, sia per conversare , sia per leggere, sia per pensare o per passare il tempo. Ma non immaginiamo da dove viene questa cultura, come è possiblile creare la migliore combinazione ed un sapore di qualità. Il libro risponde a queste domande, oltre a raccontare la storia di un guerriero. Con l'idea di un'opera unica, Antonello Monardo ha raccontato la sua traettoria al giornalista Leandro Fortes, che ci offre con destrezza una narrazione che parte dalla scoperta del caffè, passa per vita di suo nonno e arriva fino al successo delle sue combinazioni perfette e delle sue ricette deliziose. Solamente un uomo pazzo per il caffè, come Antonello, poteva avere l'idea di un libro tanto interessante. Questa è indubbiamente un'opera indispensabile per gli amanti del caffè. Oltre a raccontare i segreti delle sue ricette con il caffè, Antonello, da buon italiano, non dimentica le sue origini e propone il libro in due lingue: portoghese e italiano. Il lettore si delizi con questa lettura.

Adelmir Santana
Presidente della Senac-DF

Antonello e eu

Por Leandro Fortes

Então, foi preciso reencontrar Antonello Monardo, num fim de tarde bem brasiliense emoldurado por sombras vermelhas e névoa seca, para voltar a entender sobre café.

Confesso que depois de publicar "Louco por Café", em 2009, muita gente passou a me ver como um respeitado especialista da nobre arte dos baristas – uma pequena farsa que, quando posso, ainda levo adiante, assim, sem maldade no coração. Mas o fato é que, tirando a overdose de cafés maravilhosos que tomei ao lado de Antonello enquanto lhe ouvia as histórias da Calábria e a ciência dos grãos, voltei aos poucos à minha condição miúda de provador, quando não de distraído consumidor brasileiro, resignado a viver na periferia da cultura nativa, apenas viciado no hábito de tomar um cafezinho entre as refeições. Ou no lugar delas.

De volta a Antonello, voltei ao centro de sua loucura, de sua paixão arrebatadora e sua missão pessoal por fixar o destino do café como parte indissociável da História. O mesmo café que está no centro da trama que o trouxe da Itália ao Brasil, como, cem anos antes, havia trazido também o avô, Domenico, nas levas de migrantes dispostas a viver e morrer nas lavouras paulistas.

di Leandro Fortes

Allora, è stato necessàrio riincontrare Antonello Monardo, in un pomeriggio brasiliense incorniciato d'ombre rosse e nebbia secca, per ritornare a occuparsi di caffè.

Confesso che dopo la publicazione del libro "Pazzo per il Caffè", nel 2009, molte persone hanno iniziato a vedermi come un rispettato specialista della nobile arte dei baristi – una piccola 'recita' che, quando posso, porto ancora avanti, così, senza malizia. Ma il fatto che, escludendo l'overdose di caffè meraviglioso che ho bevuto a fianco di Antonello mentre ascoltavo le storie della Calabria e della scienza dei chicchi, sono ritornato un po' alla volta alla mia condizione spicciola di 'assaggiatore', se non addirittura di distratto consumatore brasiliano, rassegnato a vivere nella periferia della cultura nativa, semplicemente viziato dall'abitudine di bere un caffè durante i pasti o, persino, di bere un caffè in sos tituzione dei pasti.

Ritornando ad Antonello, mi trovo nuovamente al centro della sua pazzia, della sua passione coinvolgente e della sua personale missione di determinare il destino del caffè come parte indissolubile della Storia. Lo Stesso caffè che è al centro della trama che lo ha portato

dall'Italia al Brasile; così come la stessa trama, cento anni prima, aveva portato anche il nonno, Domenico, nelle fila di

Leve como um dançarino, Antonello passeia entre as mesas e balcões de sua escola de culinária italiana para me mostrar tudo de novo, uma alegre reprimenda por perceber minha envergonhada distância daquilo que nos uniu e, provavelmente, irá nos unir sempre: ele, claro, o café.

O sucesso do livro, portanto, pode ser reputado à simples receita da fascinação de um e a curiosidade do outro, para ficar apenas no básico da relação que criei com Antonello e o café, não necessariamente nessa ordem. Por isso foi tão importante revê-lo em seu habitat, entre moedores e mokas, a ouvi-lo lembrar (sempre, sempre), que não se joga água fervente sobre o pó, uma cantilena necessária contra a heresia dos leigos, esses insensatos.

Antonello Monardo ainda é louco por café. Eu, humildemente, apenas continuo me esforçando para que o mundo nunca se esqueça disso.

immigranti disposti a vivere e morire nelle fazende

pauliste.

Leggero come un ballerino, Antonello si muove trá i tavoli e il balcone della sua scuola di cucina italiana per mostrarmi tutte le novità, un'allegro rimprovero al percepire

la mia imbarazzante distanza da quello che ci ha uniti e, probabilmente, ci unirá per sempre: lui, chiaro, il caffè.

Il sucesso del libro, pertanto, può essere imputato alla semplice ricetta composta dal fascino di

uno e dalla curiosità dell'altro, tanto per mantenermi alla base della relazione che ho creato con Antonello e con il caffè, non necessariamente in quest'ordine. Per questo è stato molto importante rivederlo nel suo habitat, tra macinini e moke, e sentirlo ricordare (sempre, sempre) che non si mette acqua bollente sul caffè macinato, una cantilena necessaria contro

l'eresia degli inesperti, questi insensati.

Antonello Monardo è ancora pazzo per il caffè. Io umilmente, dal canto mio, continuo soltanto a sforzarmi affinché il mondo non dimentichi tutto ciò.

Apresentação

Presentazione

Nós, italianos, não temos um pé de café plantado em solo pátrio, mas amamos tudo diz respeito ao café. Por isso, desde que me instalei no Brasil, há 18 anos, sempre alimentei o desejo de ver os brasileiros valorizarem o café como nós, italianos, o fazemos. Uma pergunta que sempre me vem à cabeça quando penso na relação dos brasileiros com sua bebida mais famosa é: "Quem, no Brasil, costuma devolver um café ruim que lhe é servido?". A resposta, quase sempre, é a mesma: ninguém! De minha parte, venho tentando mudar essa situação por meio dos mais de 60 cursos de barista que ministrei nos últimos anos, além de palestras e workshops montados por mim, em Brasília, nos quais 60% dos participantes são de apreciadores, justamente aqueles que, no futuro, serão clientes exigentes capazes de iniciar uma cultura de busca pela qualidade com a qual, certamente, todos irão se beneficiar.

Quero agradecer por este livro, em primeiro lugar, ao autor do texto Leandro Fortes, que soube sintetizar com maestria lírica a minha historia e os conceitos que norteiam a minha relação comercial e pessoal com o café. A Luiz Otávio da Justa Neves, diretor regional do Senac-DF, e a Bete Bhering, editora-chefe da Editora Senac-DF. Ambos acreditaram no projeto do livro desde o primeiro momento e nele apostaram

Noi italiani non abbiamo il piacere di avere il caffè piantato nelle nostre piantagioni, ma amiamo tutto quello che si riferisce al caffè. Per questo, dal momento che mi sono trasferito in Brasile, 18 anni fa, ho alimentato il desiderio di vedere i brasiliani apprezzare il caffè come noi italiani facciamo. Una domanda che mi viene sempre in mente quando penso al rapporto tra i brasiliani e la loro bevenda più famosa è: "Chi, in Brasile, ha l'abitudine di rimandare indietro um caffè mal servito?". La risposta è quasi sempre la stessa: nessuno! Da parte mia, tento cambiare questa situazione, attraverso i più di 60 corsi di barista che ho organizzato negli ultimi anni, oltre che a conferenze e workshop da me condotti, a Brasilia, dove quasi il 60% dei partecipanti è composto da degustatori, proprio coloro che, in futuro, saranno i clienti esigenti capaci di iniziare una cultura di qualità la quale, sicuramente, andrà a beneficio di tutti.

Vorrei ringraziare per questo libro, in primo luogo, l'autore del testo, Leandro Fortes, che ha saputo sintetizzare con maestria lirica la mia storia e i concetti che guidano la mia relazione commerciale e personale con il caffè. Inoltre, Luiz Otávio da Justa Neves, direttore regionale del Senac, e Beth Bhering, capo-redattrice dell'Editrice Senac-DF. Entrambi hanno creduto dal primo momento nel progetto del libro, e su di esso hanno scommesso senza ulteriori garanzie se

sem outras garantias que não a vontade de divulgar as vantagens de uma boa marca de café. A Luigi Pedone, autor dos quadrinhos que acrescentaram beleza e arte ao texto. A Daniel Madsen, que conseguiu traduzir, em belíssimas imagens de fotografia, a riqueza das cores e sabores das simples receitas que escolhi para o livro. Ao bartender Victor Quaranta, que cedeu receitas e ajudou na criação de deliciosos drinks de café. A Alessandra Mariotti, Luigi e Carlo Odello, da Org. Assaggiatori Caffé, e o amigo Daniele Natili, pela ajuda na versão italiana. Ao meu avô Domenico Monardo, cujo sofrimento e a odisséia em terras brasileiras me serviram de exemplo e, em grande parte, justificou essa história contada aqui. Aos meus pais, Domenico Monardo e Caterina Rocca, que me deram sabedoria e educação. Tenho certeza que, se vivos estivessem, teriam muito orgulho deste livro. Aos meus irmãos que vivem em Reggio Calábria, Cetty, Gianni, Nuccia e Teresa, além de Anna, que mora na Úmbria. E, por fim, à minha esposa e companheira Gabriela Magalhães Rosa, cujo apoio tem sido fundamental para o sucesso e a felicidade do meu trabalho.

Desde a primeira edição deste livro, mudaram varias coisas. O nascimento da minha filha a quem dedico esta segunda edição, a criação da Monardo Gastronomia e Cultura. E as várias viagens eno-gastronômicos para a Itália, acompanhando grupos, no projeto do curso "Parlando Italiano, ...cantando, mangiando, viaggiando, ...". De alguns destas viagens peguei inspiração para dois drinks de café que aqui vou apresentar. O primeiro trata-se do CAFFÉ NOCCIOLA, cedida

non il desiderio di diffondere i benefici di una buona marca di caffè. Poi, Luigi Pedone, autore dei fumetti, che ha così aggiunto bellezza e arte al testo. Quindi, Daniel Madsen, che è riuscito a tradurre in immagini fotografiche la ricchezza di colori e sapori di semplici ricette che ho scelto per il libro. Il barman Victor Quaranta, che ha concesso le ricette ed aiutato nella preparazione di deliziose bevande di caffè. Alessandra Mariotti, Luigi e Carlo Odello, dell'Org. Assaggiatori Caffé, e l'amico Daniele Natili, per l'aiuto nella versione italiana. Il mio nonno, Domenico Monardo, la cui sofferenza e odissea in terre brasiliane mi è servita d'esempio e, in gran parte, giustifica la storia raccontata qui. I miei genitori, Domenico Monardo e Caterina Rocca, che mi hanno dato la sapienza e l'istruzione. Sono sicuro che, se fossero vivi, sarebbero molto orgogliosi di questo libro. I miei fratelli e le mie sorrele che vivono a Reggio Calabria, Cetty, Gianni, Nuccia e Teresa, ed Anna, che vive in Umbria. Infine, mia moglie e partner Gabriela Magalhaes Rosa, il cui supporto è stato fondamentale per il successo e la felicità del mio lavoro.

Dalla prima edizione di questo livro, sono cambiate varie cose. La nascita di mia figlia a cui dedico questa seconda edizione. La creazione della Monardo Gastronomia e Cultura. E i vari viaggi eno-gastronomici in Italia accompagnando gruppi, nel progetto del corso "Parlando Italiano, ...cantando, mangiando, viaggiando, ...". In alcuni di questi viaggi ho preso l'ispirazione di due drinks di caffè che qui voglio presentare. Il primo é il CAFFÉ NOCCIOLA, ricetta ceduta dal Capo Barista Lello Rocchetti del "Gambrinus" storico caffè di Napoli creato nel lontano1860.

pelo Barista Chef LelloRocchetti do "Gambrinus" histórica cafeteria de Napoli criada em 1860. O segundo é o CAFFÉ DELLE RIVIERE, inspiração no tour eno-gastronômico no Piemonte&Liguria. A inspiração veio depois da visita à fábrica de chocolate de "Guido Gobino" em Torino e ter experimentado o chocolate por ele criado que ganhou a medalha de ouro em 2008 na "Academy of Chocolate de Londres", feito com sal doce de Cervia (Riviera Romagnola) e Azeite extra virgem da azeitona "Taggiasca" da Riviera Ligure.

Antonello Monardo

Il secondo é il CAFFÉ DELLE RIVIERE, il quale sorse nel tour eno-gastronomico in Piemonte & Liguria. L'ispirazione é venuta dopo la visita alla fabbrica di cioccolato di "Guido Gobino" a Torino e aver provato il "cremino al sale" da lui creato e che ha vinto la medaglia d'oro nel 2008 nella "Academy of Chocolate de Londres", fatto con sale dolce di Cervia (Riviera Romagnola) e Olio Extra Vergine d'Oliva di olive "Taggiasca" della Riviera Ligure.

Antonello Monardo

Sumário | Sommario

Louco por Café | Pazzo per il caffè

Antonello Monardo bem podia ter sido o desconhecido companheiro do Pastor Kaldi, há mil anos, a apontar nos campos da Abissínia umas cabras exageradas na disposição, alegres e saltitantes, depois de consumirem as frutinhas vermelhas de uns arbustos vistosos espalhados, aqui e acolá, pelas campinas do lugar. Ou mesmo um daqueles árabes de caravanas, peregrinos exaustos vindos de Meca, refestelados nas primeiras cafeterias de Constantinopla, discutindo negócios e o avanço da cristandade. A bem da verdade, Antonello faria boa figura também nas cortes européias do século XVII, trajado em babados e laçarotes, a empinar com destreza finíssimas chávenas de porcelana chinesa encharcadas de genuína beberagem arábica, certeiro e definitivo antídoto contra o veneno do tédio dos intermináveis saraus de uma nobreza triste e vazia. Seria, com certeza, o pioneiro barista, às portas de Viena, a transformar em cultura o chá coado dos grãos silvestres deixados por turcos em fuga, em 1687, às portas da capital austríaca. E não se enganem: estivesse nas Guianas, Antonello teria arrancado com as próprias mãos a primeira muda de café trazida à sorrelfa ao Brasil, em 1727, pelo sargento-mor Francisco de Mello Palheta, a pedido do governador do Maranhão e Grão Pará. Em um salto na curva do tempo, seria ele a meter as mãos de menino calabrês nas sacas das primeiras 79 arrobas de sementes saídas de portos brasileiros, em 1779, transformadas, dali a um século e meio, em milhares de tantas outras, símbolo permanente da história da riqueza e do desenvolvimento econômico do Brasil.

Antonello Monardo avrebbe potuto benissimo essere l'ignoto compagno del Pastore Kaldi di mille anni fa che indicava nei campi dell'Abissinia alcune capre le quali, dopo aver inghiottito i piccoli frutti rossi di appariscenti arbusti sparsi qua e là nei campi del posto, si disperdevano disordinatamente allegre e zampettanti. Oppure avrebbe potuto essere uno di quegli arabi delle carovane, pellegrini esausti provenienti dalla Mecca che, rifocillatosi nelle prime caffetterie di Costantinopoli, discuteva d'affari e dell'avanzata del cristianesimo. In realtà, Antonello avrebbe fatto bella figura anche nelle Corti Europee del XVII secolo, vestito di pizzi e merletti, maneggiando con finissima destrezza tazzine di porcellana cinese colme di autentica bevanda araba, prezioso antidoto contro il velenoso tedio degli interminabili recital di una nobiltà triste e vuota. Sarebbe stato il barista pioniere alle porte di Vienna che trasformava in cultura l'infuso dei chicchi selvaggi lasciati dai TURCHI IN FUGA dalla capitale austriaca nel 1687. E senza dubbio se fosse stato nelle Guianas, Antonello avrebbe strappato con le proprie mani la prima piantina di caffè portata di nascosto in Brasile, nel 1727, dal sergente-moro Francisco de Mello PALHETA, su richiesta del governatore del Maranhão e Gran Pará. Se facessimo un salto nel tempo e ci spostassimo alla fine del XVIII secolo sarebbe Monardo a mettere le mani di bambino calabrese nei sacchi dei primi 79 lotti di semi usciti dai porti brasiliani nel 1779, trasformati, da lì a un secolo e mezzo, in migliaia di altri, simbolo permanente di una storia di ricchezza e di sviluppo economico del Brasile.

Dico questo perché non vi è altro modo di dire: Antonello Monardo è

Digo isso porque não há outra forma de dizer: Antonello Monardo é louco por café. Não por outra razão sublimou-se (coou-se?) de gente para marca, e quem bebe do seu blend gourmet (e são muitos os que o fazem), também bebe da alma de outro Monardo. E aí é preciso uma pausa para um café, porque para entender a paixão de um é preciso conhecer a triste odisséia do outro. Ou melhor, o corte de tempo e espaço que os separa e, ao mesmo tempo, faz dos dois uma história única, repleta de uma mistura italianíssima de tragédia e alegria familiar.

Então, foi assim.Em 1926, Domenico Monardo, aos 36 anos, lançou-se ao mar, como outros milhares de italianos, em busca de uma vida nova do outro lado do Atlântico. Fugia, como, na época, fugiram mais de um milhão de conterrâneos, do desemprego, da fome, da falta de terra e, sobretudo, de esperança. Nascido na pequenina Vallelonga, na região da Calábria, no sul da Itália, Domenico sonhava em trabalhar em uma fazenda de café em Ribeirão Preto, interior de São Paulo, fazer algum dinheiro e então voltar para buscar a mulher, Teresa Santaguida, e os cinco filhos, Felicia, Gregorio, Anamaria, Caterina e Domenico, pai de Antonello, deixados para trás, na terra natal. Naquele ano, haviam chegado com Domenico pelo menos outros 70 mil imigrantes, uma época em que, justamente, o governo italiano começara a dificultar o êxodo de cidadãos por causa das notícias de maus tratos e de epidemias nas lavouras de café paulistas. De fato, ainda com a memória fresca da forma desumana com que tratavam os negros

pazzo per il caffè. A tal punto da fondere la persona con la marca e chi beve la sua miscela gourmet (e sono molti a farlo), beve anche l'anima dell'altro Monardo. E qui bisogna fare una pausa per un caffè, perché per capire la passione dell'uno bisogna conoscere la triste odissea dell'altro. O meglio, riducendo il tempo e lo spazio che li separa e, allo stesso tempo, li unisce in una storia unica, piena di una Miscela italianissima di dramma e di gioia familiare.

Così è stato. Nel 1926, Domenico Monardo, all'età di 36 anni, si avventurò verso il mare, come migliaia di altri italiani, in cerca di una nuova vita dall'altro lato dell'Atlantico. Fuggiva, come all'epoca fuggivano più di un milione di conterranei, dalla disoccupazione, dalla fame, dalla mancanza di terra con la speranza di una vita migliore. Nato nella piccola Vallelonga, borgo della Calabria regione dell'Italia meridionale, Domenico sognava di lavorare in una fattoria di caffè di Ribeirão Preto, nello stato di São Paulo, per raggranellare un po' di soldi e, poi, di ritornare per prendere con sé la moglie, Teresa Santaguida, e i cinque figli, Felicia, Gregorio, Anna Maria, Caterina e Domenico, padre di Antonello, lasciati nella terra natale. In quell'anno Domenico era arrivato con almeno altri 70 mila emigranti in un'epoca in cui, giustamente, il governo italiano iniziava a porre limiti all'esodo dei propri cittadini a causa di segnalazioni di maltrattamenti e di epidemie nelle piantagioni di caffè pauliste. Con la memoria fresca della maniera disumana con cui venivano trattati gli schiavi negri, i fazenderi sottomettevano i coloni italiani a giornate di lavoro massacranti e offrivano loro poca o nessuna infrastruttura: né alloggi né servizi

MUDAS
DE
CAFÉ
GRÃO PARÁ - BR
TIPO ARÁBICA

escravos, os fazendeiros submetiam os colonos italianos a jornadas de trabalho massacrantes e lhes proporcionavam pouca ou nenhuma infra-estrutura de habitação e saneamento básico. Como resultado, centenas de imigrantes morriam, todo ano, de moléstias variadas, como tifo, cólera, varíola, pneumonia, diarréia, infecções e ataques cardíacos provocados por picadas de cobra nas lavouras.

Poucos meses depois de desembarcar no Porto de Santos, Domenico Monardo aumentou essa estatística, embora nunca se soubesse do que exatamente foi vítima. Ao morrer, deixou uma lacuna na memória da família e caiu num esquecimento sofrido, guardado em silêncio pela viúva e os filhos, até que um moleque nascido em 1960, em Reggio Calábria, se transformasse em um ragazzo com dom para o comércio e fosse jogado na mesma rota percorrida pelo avô, 64 anos depois. Isso porque o neto de Domenico, Antonello Monardo, pisou os pés no Brasil, pela primeira vez, em 1990, exatos 100 anos depois do nascimento do avô, trazido pelos ventos da oportunidade. Em 1996, também aos 36 anos, desembarcou de vez para, sem saber, terminar a missão iniciada por Domenico, tragicamente interrompida nos campos de café de Ribeirão Preto. Até então, Antonello, contudo, não conhecia a história do avô.

Essa coincidência de destinos e idades terminaria por incutir em Antonello um componente místico elementar, festejado em sua biografia como um traço definitivo de uma saga comum, de avô e neto, como se fosse o resultado de uma profecia. Antonello entrou no Brasil pelo

igienici. Come conseguenza centinaia di emigranti morivano ogni anno nelle piantagioni di varie malattie come il tifo, il colera, il vaiolo, la polmonite, la diarrea, le infezioni e gli attacchi di cuore provocati da morsi di serpente.

Pochi mesi dopo lo sbarco nel porto di Santos, Domenico Monardo aumentava questa statistica, malgrado non si sappia di cosa esattamente sia stato vittima. Alla sua morte lasciò un vuoto nella memoria della famiglia e divenne un ricordo sofferto, mantenuto in silenzio dalla vedova e dai figli, fino a che un "moleque", nato nel 1960 a Reggio Calabria, si trasformò in un "ragazzo" con il dono per il commercio e venne proiettato sulla stessa rotta percorsa dal nonno 64 anni prima. Questo perché il nipote di Domenico, Antonello Monardo, ha messo piede in Brasile, la prima volta nel 1990, esattamente 100 anni dopo la nascita del nonno, portato dai venti dell'opportunità. Sei anni dopo, nel 1996, anche lui a 36 anni, vi si è trasferito definitivamente per terminare, senza saperlo, la missione iniziata da Domenico, tragicamente interrotta nei campi di caffè di Ribeirão Preto. Fino a quel momento Antonello, tuttavia, non conosceva la storia del nonno.

Questa coincidenza di destini e tempi finirà per far sorgere in Antonello una componente mistica, celebrata nella sua biografia come un tratto di una saga comune di nonno e nipote, come se fosse il risultato di una profezia. Antonello entrò in Brasile dall'altopiano planalto centrale diretto a Brasília, deviando la prevedibile rotta di migrazione, tanto antica quanto naturale, le cui porte sono sempre state le spiagge di Rio de Janeiro o i porti di San Paolo. Ad Antonello piace ricordare che è nato lo stesso anno della fondazione di Brasilia, nel 1960, città

Planalto Central, direto a Brasília, subvertendo a previsível rota de migração, tão antiga quanto natural, cujas portas sempre foram as praias do Rio de Janeiro ou os portos de São Paulo. Antonello gosta de lembrar que nasceu no mesmo ano da fundação de Brasília, em 1960, cidade na qual envelhece com prazer, como numa parceria de destino. O calabrês vê nessa convergência de elementos um sentido ainda mais místico, afinal, foi um santo italiano, Dom Bosco, em 1815, o primeiro a anunciar o nascimento de uma civilização de homens e almas no coração do Brasil. Esses homens, pensou Antonello, haveriam de precisar de um bom café. Mas até deixar de ser só um homem para virar também uma marca, a Antonello Monardo Caffé Espresso, o jovem calabrês ainda teria que cruzar outros caminhos antes de deixar a capital federal doida por um de seus cortos feitos na hora, nas máquinas italianas que ele cultua como a pequenas deusas de aço e bronze.

Em 1996, Antonello veio para morar de vez na cidade sonhada por Dom Bosco e construída, sob medida para o sonho, pelo presidente Juscelino Kubitschek. Já era louco por café, mas, incrivelmente, ainda não sabia muita coisa sobre o assunto. Vinha de Reggio Calabria, uma ex-colônia grega com mais de três mil anos de história. Fora criado comendo muito peixe, carne de porco, verduras e a linguiça apimentada de fama mundial. Da cozinha da infância, a lembrança mais terna é a do macarrão ao forno feito pela mãe. Assim, uma vez longe de casa, como todo imigrante que se preza, Antonello logo fez da nostalgia uma profissão de fé. Tanto

nella quale invecchia con piacere, come un'associazione del destino. Il calabrese vede in questa convergenza di elementi un senso ancora più mistico; dopo tutto, è stato un santo italiano, Don Bosco, nel 1815, il primo ad annunciare la nascita di una civiltà di uomini e di anime nel cuore del Brasile. Questi uomini, ha pensato Antonello, avranno bisogno di un buon caffè. Ma, per smettere di essere solo un uomo e diventare anche un marchio, l'Antonello Monardo Caffè Espresso, il giovane Calabrese avrebbe dovuto ancora percorrere altre strade, prima di rendere la capitale federale pazza per i suoi caffè ristretti, fatti al momento con macchine italiane che lui idolatra come delle piccole dee di acciaio e bronzo.

Nel 1996 Antonello si è trasferito definitivamente nella città sognata da Don Bosco e costruita su misura per il sogno del presidente Juscelino Kubitschek. Già era pazzo per il caffè, ma, incredibilmente, ancora non sapeva molto sull'argomento. Veniva da Reggio Calabria, ex colonia greca con più di tremila anni di storia. Crescendo mangiando molto pesce, carne di maiale, verdure, salame piccante di fama mondiale. Della cucina dell'infanzia, i ricordi più teneri erano quelli della pasta al forno fatta dalla madre. Così, una volta lontano da casa, come tutti i buoni emigranti, Antonello fa della nostalgia una religione. Al punto che porta l'Italia in palmo di mano. Basta una allusione, seppur minima e lui disegna su una lavagna, con cura, lo stivale che dà la forma al paese. Anzi, tanto quanto il caffè, Antonello ama l'Italia. Nella città in riva al mare dove è nato e cresciuto beveva molto caffè. Ciò non è una novità, perché essere italiano è essere in grande scala, ossessionato per il caffè.

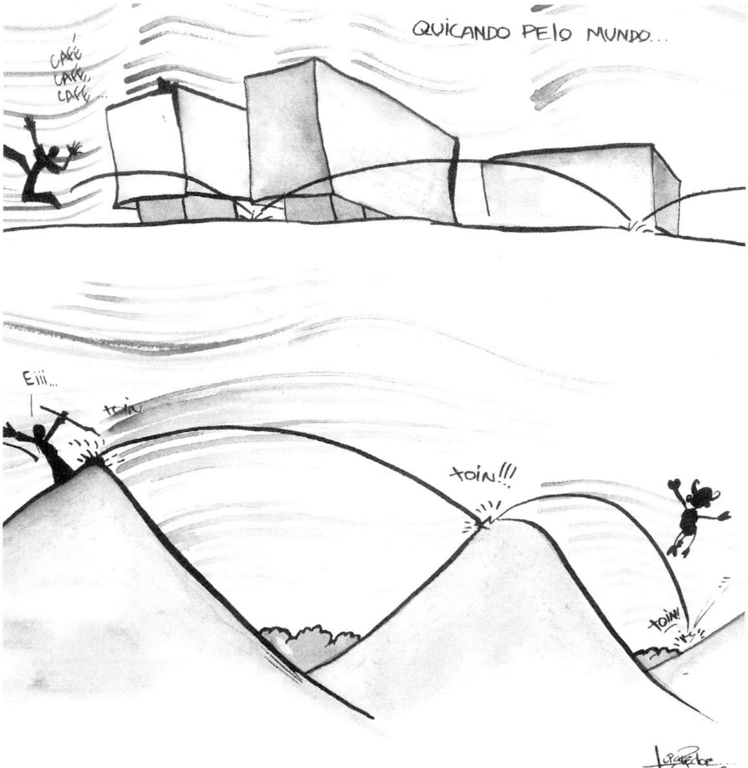
QUICANDO PELO MUNDO...
CAFÉ
CAFÉ,
CAFÉ...
Eiii...
toin
toin!!!
TOIN!
2009...

que carrega a Itália nas pontas dos dedos. Basta uma provocação, miúda que seja, e ele desenha em uma lousa, cuidadosamente, a bota que dá forma ao país. Aliás, tanto quanto café, Antonello ama a Itália. Na cidade onde nasceu, criado à beira mar, ele tomava café, muito café. O que não chega a ser uma novidade, porque ser italiano é ser, em grande escala, obcecado por café.

Comerciante nato, Antonello vislumbrou, desde sempre, boas oportunidades no estômago alheio. Enveredou-se, primeiro, na importação de produtos de gastronomia, na esteira da estabilidade econômica trazida pelo Plano Real, em 1996, e brilhou como representante de maquinário de padaria, naquele mesmo ano, na Fispal Food Service, a maior e mais importante feira de produtos alimentícios da América Latina. Em São Paulo, fez mais de 500 contatos, mas se instalou mesmo em Brasília, de onde passou a vender equipamentos para todo lado, do Rio Grande do Sul ao Ceará.

Em 1999, a empreitada de Antonello Monardo foi atingida pela crise econômica e a repentina valorização do dólar, quando tudo que vinha de fora ficou muito mais caro. O calabrês procurou, então, se reciclar. Começou a se dedicar ao sorvete, uma outra tradição especialmente cara – caríssima, na verdade – ao paladar italiano. Instalou-se com uns sócios em um shopping center, onde chegava às 7 horas da manhã para começar a fazer 24 sabores de sorvete, todos de frutas naturais. A sociedade da sorveteria não durou muito, mas a alma inquieta de Antonello já tinha outra pequena obsessão em curso. Em pouco tempo, ele estava

Commerciante nato, Antonello intravede da sempre buone opportunità nel settore dell'agroalimentare. Durante la fase della stabilità economica portata dal Piano Reale nel 1996 si è indirizzato subito all'importazione di prodotti di gastronomia. Successivamente si è distinto come rappresentante di macchinari per panetteria durante la Fispal Food Service, la più grande e più importante fiera di prodotti alimentari dell'America Latina. Pur avendo stipulato a San Paolo più di 500 contatti, si stabilisce a Brasilia, da dove inizia a vendere macchinari in tutte le regioni del Brasile, dal Rio Grande do Sul al Ceará.

Nel 1999 il settore in cui lavorava Antonello Monardo è stato colpito dalla crisi economica e dall'improvvisa valorizzazione del dollaro. Il calabrese ha deciso di riciclarsi, iniziando a dedicarsi al gelato, un'altra tradizione particolarmente cara – carissima in realtà – al gusto italiano. Si è inserito con dei soci in un centro commerciale, dove arrivava alle 7 del mattino per cominciare a preparare 24 sapori di gelati, tutti di frutti naturali. La società della *Gelateria* non è durata, ma nell'anima inquieta di Antonello covava un'altra piccola ossessione. Ben presto è stato coinvolto in una produzione incessante di tiramisù, l'antico dessert italiano fatto di panna, caffè e cioccolato. Con determinazione mediterranea, passava le prime ore dell'alba preparando, artigianalmente, le porzioni di tiramisù che ha iniziato a vendere a decine di alberghi e ristoranti in tutta la capitale federale.

Il successo del tiramisù venne però interrotto nello stesso anno, il 1999, per il fulmineo incontro tra Antonello Monardo e il caffè brasiliano, un connubio che marcherà per sempre il destino del calabrese, la cui formazione aveva come

CAFFÈ EXPR
1926

envolvido numa produção incessante de tiramisú, a antiga sobremesa italiana feita de creme, café e chocolate. Com determinação mediterrânea, passou a varar madrugadas preparando, artesanalmente, os potes de tiramisú que passou a vender para dezenas de hotéis e restaurantes espalhados pela capital federal.

O sucesso do tiramisú foi interrompido, no mesmo ano de 1999, pela desenfreado encontro entre Antonello Monardo e o café brasileiro, uma parceria que iria marcar para sempre o destino do calabrês, cuja formação tinha como registro um diploma de geômetra (na Itália, um técnico situado um grau acadêmico antes do engenheiro civil) e uma passagem relâmpago por uma faculdade de Arquitetura. Portanto, embora tenha se preparado inicialmente para fazer projetos de estradas, pontes e prédios, foi no comércio que Antonello realmente se encontrou. Assim, o geômetra foi sufocado, logo no nascedouro, pela alma – e pela necessidade – do mascate.

O tiramisú vendia bem, mas, para sobreviver da sobremesa Antonello teria que ampliar o negócio e investir um dinheiro que ele não tinha. Foi quando ele convenceu os diretores da Segafredo Zanetti, a empresa líder do café espresso na Itália e no mundo, de que Brasília era um bom mercado para o produto. Foi uma aposta e tanto. Como tudo o mais no Brasil, o endereço certo para quem pensava em ganhar dinheiro com o negócio era mesmo Rio, São Paulo e Belo Horizonte, esta última, dada a proximidade com a região do sul de Minas Gerais, de onde vem o melhor café do país. Antonello precisou de um ano

elemento caratteristico un diploma di geometra e la frequenza temporanea della facoltà di Architettura. Pertanto, malgrado si fosse preparato inizialmente per progettare strade, ponti ed edifici, è stato nel commercio che Antonello realmente si è realizzato. L'anima del geometra è stata soffocata sul nascere dall'anima (e dalla necessità) del venditore. Il tiramisù vendeva bene, ma per mantenersi con il commercio del dessert Antonello avrebbe dovuto espandere l'attività e investire un po' di soldi che non aveva. È stato allora che ha convinto i dirigenti della Segafredo Zanetti, azienda leader del caffè espresso in Italia e nel mondo, che Brasilia era un buon mercato per il prodotto. È stata una sfida. Normalmente in Brasile, per chi pensa di guadagnare soldi in affari, le sedi tipiche sono Rio, San Paolo e Belo Horizonte, quest'ultimo per la prossimità con la regione del sud dello stato di Minas Gerais, da dove viene il miglior caffè del paese. Ad Antonello è bastato un anno per cambiare questo paradigma e aprire un mercato fino ad allora insufficiente nel Planalto Centrale.

A Brasilia, tra il 1999 e il 2000, Antonello ha fatto il rappresentante dei prodotti della Segafredo, caffè e macchine, e, poco a poco, si è creato una rete di amici in città. Ha iniziato ad avere, inoltre, ciò che egli chiama la "forte percezione" dello scambio commerciale nella capitale e a capire il gusto locale per il caffè Nel 2002 ha intrapreso una carriera individuale creando la marca Antonello Monardo Caffè Espresso che secondo i suoi calcoli ha coperto l'80% del mercato dell'espresso di Brasilia. Per promuovere la cultura della qualità e del buon servizio si è personalmente occupato di creare e mantenere un corso di barista in città. Quindi il connubio iniziale tra Monardo e il caffè brasiliano

para mudar esse paradigma e abriu um mercado até então incipiente no Planalto Central.

Em Brasília, Antonello cuidou de representar os produtos da Segafredo, café e maquinário, entre 1999 e 2000 e, aos poucos, criou uma rede de amizade na cidade. Começou a ter, ainda, o que ele chama de "percepção aguçada" da transação comercial na capital e do gosto da população local pelo café. Em 2002, partiu para a carreira solo e criou a marca Antonello Monardo Caffé Espresso e abocanhou, segundo cálculos próprios, 80% do mercado de espresso de Brasília. Para disseminar uma cultura ostensiva de qualidade e bom serviço, tratou de ele mesmo criar e manter um curso de barista na cidade. Assim, o que primeiro surgiu como uma oportunidade comercial virou um casamento para lá de bem arranjado.

Aos poucos, Antonello se tornou o desejo reencarnado do avô, Domenico, não mais no sofrimento dos campos de café de São Paulo, mas na realidade diária das xícaras por onde circula, gravado em preto e vermelho, o nome da família, Brasil afora. Como ele mesmo gosta de dizer, a oportunidade do café passou como um trem. E Antonello, que poderia ter passado o resto da vida como simples vendedor de café, decidiu, ele mesmo, misturar grãos selecionados e oferecer aos outros, mas, sobretudo, a si mesmo, um produto em forma de legado. Melhor, mais saboroso e mais cheiroso. De certa forma, fez do comércio do café um resgate da história do avô e dos imigrantes italianos jogados, aos milhares, nas lavouras antes ocupadas pelos escravos, em fins do século XIX. Em

nato come un'opportunità commerciale, si è via via trasformato in un perfetto matrimonio.

Gradualmente Antonello ha fatto suo ed ha reincarnato il desiderio del nonno Domenico, non più nella sofferenza dei campi di caffè di San Paolo, ma nella realtà quotidiana delle tazzine attraverso cui circola, stampato in nero e rosso, il nome della famiglia, in Brasile. Come lui stesso ama dire, l'occasione del caffè è passata come un treno. E Antonello, che avrebbe potuto passare il resto della vita come semplice venditore di caffè, ha deciso di miscelare lui stesso chicchi selezionati, per offrire agli altri, ma soprattutto a se stesso, un prodotto in forma di eredità: migliore, più saporito e più profumato. In un certo senso, ha fatto del commercio del caffè il riscatto della storia del nonno e degli emigranti italiani sottomessi a migliaia, alla fine del diciannovesimo secolo, nelle piantagioni prima occupate dagli schiavi.

Nel 2008, Antonello è stato invitato dall'amico Virgínio Mantesso, storico italo-brasiliano che conduce e organizza corsi e conferenze sull'emigrazione italiana, a tenere la conferenza: "Caffè: storia, emigrazione, valorizzazione attuale e opportunità commerciali", tema che è stato anche trattato, in eventi simili, nella Unitalo, di San Paolo, e nella storica Fazenda Nossa Senhora da Conceição, in Jundiaí (SP). Antonello si è emozionato nel dissertare sull'odissea del nonno e degli antenati di molti altri discendenti di italiani nati o radicati in Brasile.

Il nipote di Domenico, malgrado non abbia mai piantato una pianta di caffè, è molto ferrato sull'argomento. Ad Antonello, in verità piace molto – moltissimo – parlare di caffè. Ripete migliaia di volte: caffè, caffè, caffè.

REGGIO
CALABRIA

2008, Antonello foi convidado pelo amigo Virgínio Mantesso, historiador paulistano responsável pelo curso "Imigração Italiana: dados históricos e pesquisa genealógica", do qual participou de várias edições, no Memorial do Imigrante, a palestra "Café: história, imigração, valorização atual e oportunidades", tema que também iria tratar, em eventos semelhantes, na Unitalo, de São Paulo, e na histórica Fazenda Nossa Senhora da Conceição, em Jundiaí. Antonello emocionou-se a dissertar sobre a odisséia do avô e dos antepassados de muitos outros descendentes de italianos nascidos ou radicados no Brasil.

O neto de Domenico, embora nunca tenha plantado um pé de café, entende um bocado do babado. Antonello, na verdade, gosta muito – mas muito mesmo – de falar de café. Repete mil vezes: café, café, café. Gesticula, fala alto, recita misturas, brada regras, seleciona marcas: café, café, café! Não cansa de repetir que o Brasil tem a melhor política de classificação do mundo para o café, mas o mérito da boa norma se esvai na cultura da pouca exigência de qualidade. É a visão de um italiano mergulhado em café desde criança. Para Antonello, o café pode ser produzido onde for, mas será sempre um produto da Itália, tanto quanto é o bacalhau para os portugueses, embora, em ambos os casos, nem um nem outro sejam frutos das terras que tão ardorosamente os consomem. Por isso, não gosta da forma como tratam o café no Brasil. Na verdade, odeia o termo "cafezinho". Ao se referir ao café como "cafezinho", diz o calabrês, o brasileiro reduz não

Gesticola, parla ad alta voce, recita regole, seleziona marche: caffè, caffè, caffè! Non si stanca di ripetere che il Brasile ha la migliore politica al mondo nella classificazione del caffè, ma il merito della buona normativa perde significato in una cultura che ha poca esigenza di qualità. È la visione di un italiano immerso nel caffè dall'infanzia. Per Antonello, il caffè può essere prodotto in qualunque luogo, ma sarà sempre un prodotto dell'Italia, tanto quanto il baccalà per i portoghesi, anche se in entrambi i casi non si tratta di frutti nati dalla terra dove con tanta forza si consumano. Non gli piace come viene servito il caffè in Brasile. In verità, odia il termine cafèzinho. A riferirsi al caffè, come cafèzinho, dice il calabrese, il brasiliano riduce non solo la parola, ma il concetto storico e gastronomico della bevanda.

Il diminutivo, quando esce dalla bocca di Antonello, suona come una nota stonata, quasi un'offesa, un insulto al palato. In questi momenti lui corre verso la macchina che tiene in allerta permanente nella scuola italiana, un angolo creato da lui per ricevere gli amanti del caffè nell'Asa sud di Brasilia. Il centro chiamato "Parlando Italiano" – anche cantando, mangiando, viaggiando – è nato dall'incontro con la moglie Gabriela, brasiliana che ha vissuto diversi anni in Italia. Di ritorno a Brasilia, città dove è nata, si è unita ad Antonello per creare un centro culturale italiano dove, oltre a varie attività di insegnamento della lingua italiana, si occupa anche di altri settori: arte, cultura, gastronomia e turismo. Inoltre è diventato la sede di vari corsi per baristi condotti da Antonello. Una partnership nata dall'amicizia con Ana e Carlos Alberto Toscano, proprietari del ristorante Villa Borghese. Insieme

1815

só a palavra, mas o conceito histórico e gastronômico da bebida.

Assim, no diminutivo, quando sai da boca de Antonello, o adorável cafezinho tupiniquim soa como se fosse uma tintura borrada, quase venenosa, um insulto ao paladar. Nessas horas, ele corre para a máquina que mantém em permanente alerta no subsolo de uma escola de italiano, um cantinho criado por ele para receber amantes do café, na Asa Sul de Brasília. "Parlando Italiano" – também cantando, mangiando, viaggiando – nasceu do encontro com a esposa Gabriela, brasileira que morou vários anos na Itália. De volta a Brasília, cidade onde nasceu, juntou-se com Antonello para criar um centro cultural italiano onde, além das várias atividades sobre o ensino da língua italiana, também versa sobre arte, cultura, culinária e turismo. Também virou o endereço dos vários cursos de barista ministrados por Antonello, uma parceria nascida da amizade com Ana e Carlos Alberto Toscano, proprietários do restaurante Villa Borghese. Juntos, planejaram a abertura da escola de italiano com a Escola de Gastronomia de Brasília, onde o calabrês se dedica a moer grãos selecionados de café – maiúsculo – para si e para poucos convidados privilegiados. Toma um espresso corto cor de bronze, um antídoto contra o baixo astral. Antonello, ao lado de uma máquina de café, é um alquimista a manipular apaixonadamente as doses de sete gramas de café que ele faz derreter em lava negra e perfumada, flertando com a consistência do creme. Fica em transe com o cheiro dos óleos aromáticos dos grãos, libertos, soltos no ar livre. E desanda a falar de café.

hanno pianificato l'apertura insieme nella stessa sede della scuola di italiano e della Scuola di Gastronomia di Brasilia, dove il calabrese si dedica a macinare i chicchi selezionati di caffè – pregiati – per sé e per pochi invitati privilegiati. Beve un ristretto di colore bronzo, un antidoto contro il malumore. Antonello, a fianco di una macchina di caffè, è un *Alchimista* che manipola appassionatamente le dosi di sette grammi di caffè che lui fa sciogliere come lava nera e profumata, fleurtando con la consistenza cremosa. Rimane in estasi con il profumo degli olii aromatici dei grani di caffè, liberati nell'ambiente. E filosofa sul caffè.

"Quando il caffè è gratuito, è un caffè qualsiasi", dice Antonello Monardo. In verità, per lui questa è una regola d'oro. Nei corsi di barista che tiene da alcuni anni in Brasilia, l'italiano martella la coscienza degli alunni con l'idea che una buona alimentazione si conclude con un buon caffè. E un buon caffè, così come una buona cucina,non sarà mai gratis. Antonello è pazzo per caffè, ma non perde di vista l'ottica commerciale: il caffè è anche un buon affare. In Italia, sottolinea Antonello, molte caffetterie perdono clienti a causa di un cattivo caffè. In Brasile, secondo lui, la cultura del *cafèzinho* servito gratuitamente ha creato un cliente poco esigente, che si accontenta, e ciò determina l'abbassamento della qualità della bevanda.

Anche per questo, Antonello ha paura del caffè degli uffici pubblici. O meglio, ha paura del cafèzinho degli uffici pubblici, bollito e ribollito in caffettiere metalliche di dubbia igiene, o dal liquido imprigionato, per molte ore, in bottiglie termiche, più dubbie ancora. In Brasile, sentenzia lui, si soffre della sindrome del "caffè di licitazione", scelto per inondare

AEROPORT
INTERNACIONAL J.K

"Quando o café vem de graça, vem qualquer café", diz Antonello Monardo. Na verdade, essa é uma regra de ouro para ele. Nos cursos de baristas que oferece todos os anos em Brasília, o italiano martela a consciência dos alunos com a idéia de que uma boa refeição se finaliza com um bom café. E um bom café, assim como uma boa comida, nunca vem de graça. Antonello é louco por café, mas não perde de vista a percepção comercial, bem entendida, de que café também é um negócio. Aliás, um ótimo negócio. Na Itália, ressalta Antonello, muitos estabelecimentos perdem clientes por causa de um mau café. No Brasil, segundo ele, a cultura do "cafezinho" servido gratuitamente criou um cliente pouco exigente, acomodado, o que, normalmente, joga a qualidade da bebida para baixo.

Também por isso, Antonello tem pavor do café de repartição. Ou melhor, o cafezinho de repartição, fervido e refervido em cafeteiras metálicas de higiene duvidosa, ou da beberagem aprisionada, por muitas horas, em garrafas térmicas mais duvidosas ainda. Em Brasília, sentencia ele, sofre-se da síndrome do "café de licitação", escolhido para inundar ministérios, autarquias, secretarias, gabinetes e repartições por ser mais barato, sabe-se lá a que custo. Na Câmara dos Deputados, em parceria com o Senac, ele decidiu adotar uma estratégia de boa guerrilha. No balcão do plenário, por onde circulam parlamentares, jornalistas e assessores, quem quiser pode tomar o velho cafezinho de guerra, de graça. Mas, por dois reais, pode ter acesso ao café gourmet selecionado por Antonello, preparado pela barista Sulayne Shiratori,

ministeri, autarchie, segreterie, uffici e ripartizioni pubbliche. Alla Camera dei Deputati, in collaborazione con il Senac, ha deciso di adottare una strategia aggressiva. Nella caffetteria del Plenario, nella quale circolano parlamentari, giornalisti e porta-borse, chi vuole può bere il vecchio cafèzinho di guerra, gratuitamente. Ma, per due reais, si può avere accesso al caffè gourmet selezionato da Antonello, preparato dalla barista Sulayne Shiratori da lui formata. Il risultato è una bella crema con aroma leggermente cioccolatato, che non si presta, assolutamente, a diminuitivi.

Il migliore caffè è il tipo arabica e il Brasile ha il migliore arabica del mondo, prodotto nella regione a Sud della Stato di *Minas Gerais*. Il peggiore caffè è il tipo robusta. E il Brasile ha il peggiore robusta del mondo. Questa differenza, rappresentata da questi due estremi, garantisce ai consumatori brasiliani un universo di alti e bassi che confonde piuttosto che aiutare. La maggioranza della gente ha la convinzione che il miglior caffè viene, per esempio, dalla Colombia. In verità, chiarisce Antonello, quello che i colombiani sanno fare meglio è il marketing. Senza dire che il caffè brasiliano è trattato naturalmente (in cocco), mentre il colombiano è lavato al costo di migliaia di litri di acqua durante il processo di lavorazione, ovviamente antiecologico.

Il migliore caffè del Brasile viene dal Sud di Minas Gerais, probabilmente il migliore del mondo, piantato e raccolto nelle curve sinuose dei terreni montagnosi che livellano gli arbusti cresciuti e creati dall'eccellente terroir, parola francese, che mai si traduce alla perfezione, emblema di un'intima relazione tra il suolo e il clima e capace di concepire, nel caso dell'uva, l'identità del vino che

PADARIA
MONARDO
SORVETERIA
GELATO!!!
AÇUCAR

treinada por ele. O resultado é um creme ferroso de odor levemente achocolatado, que não se presta, definitivamente, a diminutivos.

O melhor café do mundo é o do tipo arábica. E o Brasil tem o melhor café arábico do mundo, produzido no sul de Minas. O pior café do mundo é o tipo robusta. E o Brasil tem o pior robusta do mundo. Essa diversidade, representada pelos extremos, garante ao consumidor brasileiro um universo de picos e fossas que mais atrapalha do que ajuda. Muita gente acha que o melhor café do planeta vem, por exemplo, da Colômbia. Na verdade, esclarece Antonello, o que os colombianos sabem fazer melhor é marketing. Sem falar que o café brasileiro é tratado naturalmente, enquanto o colombiano é lavado ao custo de milhares de litros de água durante o processo, obviamente antiecológico, de beneficiamento.

O melhor café do Brasil vem do sul de Minas Gerais, talvez o melhor do melhor do mundo, plantado e colhido nas curvas de nível de terrenos montanhosos que nivelam os arbustos crescidos e criados pelo excelente terroir, essa palavra francesa que nunca se traduz à perfeição, emblema da íntima relação entre o solo e o clima capaz de conceber, no caso das uvas, a identidade do vinho que ainda está por vir. A terroir e a torra ajudam a equilibrar a acidez que, no café, é uma qualidade. É a personalidade da cereja descascada, origem dos melhores e mais admirados grãos do planeta.

Antonello gosta de misturar cafés e vinhos, obviamente, não na mesma caneca. Compara cerejas e uvas, o sol, a terra, o manejo das duas frutas destinadas a virar fina beberagem. Cada

verrà prodotto. Il terroir e la torrefazione aiutano ad equilibrare l'acidità che, nel caffè, è una qualità. E la personalità della ciliegia spolpata, l'origine dei migliori e più ammirati chicchi di caffè del mondo.

Ad Antonello piace mischiare caffè e vini, ovviamente, non nella stessa tazza. Equipara ciliegie di caffè e uve, il sole, la terra, il maneggio dei due frutti destinati a diventare fini bevande . Ogni cosa al proprio posto. Anzi, come l'uva per il vino, anche la grandezza dei chicchi per il caffè è irrilevante. Chicchi grandi sono, normalmente, molto belli, ma ordinari. Producono una bevanda dura. Bevanda dura? Bene, per capire il concetto, bisogna, come si sa, ascoltare Antonello parlare di caffè.

In una delle lezioni del corso di barista, un'alunna spiegò il perché veniva da lontano, dallo stato di Santa Catarina, per imparare sul caffè a Brasilia: "Mi hanno detto che Antonello è il papà del caffè da queste parti". L'italiano sorride e arrossisce come una ciliegia di caffè. Fa una rapida incursione nel mondo delle qualità medicinali del frutto al quale si dedica come un sacerdote. L'alunna capisce ciò che tutti percepiscono immediatamente: Antonello ha una relazione spirituale con il caffè. Divaga sulla fisiologia dei chicchi come se si parlasse di creature dotate di vivi movimenti. L'arabica ha 44 cromosomi, ha tre volte meno caffeina. Il robusta, agitatore dei nervi per natura, ha 22 cromosomi. Il primo, fragile, sensibile, una gioia vulnerabile e di meraviglioso sapore. Il secondo, resistente alle malattie, ma di dubbio gusto.

Dai difetti del caffè, Antonello fugge come il diavolo dalla croce. Senza parlare della mancanza di etica; pietre, legno e scarafaggi. Ci sono difetti per tutti i gusti. Il chicco, se è nero, è mummia,

Sul d' Minas
FAZENDA
ARÁBICA - BR

coisa no seu lugar. Aliás, como a uva do vinho, o tamanho do grão de café não é documento. Grãos grandes são, normalmente, muito bonitos, mas ordinários. Resultam em bebida dura. Bebida dura? Bom, para se entender o conceito, é preciso, como se sabe, ouvir Antonello falar de café.

Numa das aulas do curso de barista, uma aluna diz por que veio de longe, de Santa Catarina, para aprender sobre café em Brasília: "Me falaram que Antonello é o papa do café por aqui". O italiano sorri e ruboriza-se como uma cereja de café. Faz uma rápida incursão ao mundo das qualidades medicinais da fruta à qual se dedica como um sacerdote. A aluna entende o que todos também percebem de chofre: Antonello tem uma relação espiritual com o café. Disserta sobre a fisiologia dos grãos como se falasse de criaturas de vivos movimentos. O arábico, de 44 cromossomos, tem três vezes menos cafeína. O robusta, agitador dos nervos por natureza, tem 22 cromossomos. O primeiro, frágil, sensível, uma jóia vulnerável e de sabor maravilhoso. O segundo, resistente a pragas, mas de gosto duvidoso.

Dos defeitos do café, Antonello foge como o diabo da cruz. Sem falar na sujeirada, pedras, pau e baratas. Tem defeito de todo jeito. O grão, se está preto, é múmia, um cadáver petrificado e inútil. Na torra, é pulverizado e influencia a bebida, para pior, é claro. Nunca vai chegar a gourmet. O verde, pobre grão colhido antes da hora, contamina o sabor da bebida. O ardido, este nem se fala. Caiu no chão, fermentou e voltou para a saca. E é vendido como se fosse 100% arábica, mentira deslavada e mal lavada. Aliás,

un cadavere pietrificato inutile. Nella fase della torrefazione, è polverizzato e influenza la bevanda, in peggio, chiaramente. Mai arriverà ad essere gourmet. Il verde, povero chicco raccolto prima del tempo, contamina il sapore della bevanda. Il fermentato, di questo neanche se ne parla. Caduto a terra, inizia la decomposizione e va nella sacca. Ed è venduto come fosse 100% Arabica, mal confezionata ed espressa male. Anzi, uno dei drammi del maggiore e migliore produttore di caffè al mondo risiede lì: molto del caffè di basso prezzo venduto nel Brasile viene da scarti, ossia, è "scopato" con tutto il cattivo dentro le macchine di torrefazione. Sporchi, rotti, mal granati, gusci incerti.

E poi ricevono le classificazioni più strane: vediamo quali.

Il caffè "tradizionale" è, tecnicamente, quello costituito da una miscela poco felice di caffè arabica con robusta, in grande quantità, fino al 30% nel blend. È quello che accetta tutto, in verità. Anzi, nessuno sa dire che tradizione segua a giudicare dal gusto e dai sotterfugi industriali. Il caffè "superiore" è anch'esso una miscela di arabica con robusta, ma in livello più contenuto, fino al 15% nel blend. Ossia, è un poco migliore, ma non è come il nome suggerisce: accetta, chicchi neri, verdi e fermentati, che siano puliti. Il caffè "gourmet" è puro sangue, 100% arabica, di origine unica o blendato. Un buon blend ha due o tre varietà di chicchi, miscelati in equilibrio. Saperli unire è un segreto basato su regole e intuizione.

Ma la "prova del nove" è proprio quando il caffè arriva in bocca. Il caffè si beve, è questo il punto fondamentale, il resto sono parole al vento. Osserva il brasiliano bevendo cafèzinho

"PARLANDO ITALIAN
ESCOLA DE GASTRONO
ANTONELLO MONARDO
CARTUM SHOW.
POR LUIGI PEDONE...

um dos dramas do maior e melhor produtor de café do mundo reside aí: muito do café barato vendido no Brasil vem de "vassourada", ou seja, é varrido com tudo de ruim para dentro das máquinas de torrefação. Sujos, quebrados, mal granulados, conchas incertas. Depois, recebe designações as mais estranhas. Senão, vejamos.

O café "tradicional" é, tecnicamente, aquele constituído de uma mistura pouco feliz de café arábica com robusta, em nível alto, de até 30% no blend (mistura). É o que aceita tudo, na verdade. Aliás, ninguém sabe dizer que tradição ele segue. A julgar pelo gosto, a da embromação industrial. O café "superior" é também uma mistura do arábica com robusta, mas em níveis mais contidos, até 15% no blend. Ou seja, é melhorzinho, mas não é o que o nome insinua: aceita grãos pretos, verdes e ardidos, desde que limpos. O café "gourmet" é puro sangue, 100% arábica, de origem única ou blendados. Um bom blend tem de duas a três variedades de grãos, misturados em equilíbrio. Saber juntá-las é um segredo baseado em regras e intuição.

Mas a "hora do vamos ver" é mesmo quando o vivente coloca o café na boca. O café se bebe, é esse o ponto fundamental, o resto é conversa fiada. Observe um brasileiro tomando cafezinho (perdão, Antonello). É como um ato de respiração, o peito imerso em oxigênio quente, fumegante, aspirado em goles minúsculos, no limite da irresponsabilidade do encontro insano entre lábios de carne fria e o líquido fumegante, no ponto de despelar o beiço do cidadão distraído. O café não é, de fato, uma necessidade. O ser humano pode passar uma

(scusa, Antonello). È come un atto di respirazione, il petto pieno di ossigeno caldo, fumeggiante, aspirato in piccoli sorsi, al limite della irresponsabilità dell'insano incontro tra labbra di fredda carne e il fumeggiante liquido, al punto da far scottare le labbra al cittadino distratto. Realmente il caffè non è una necessità. L'uomo può passare un'intera generazione senza mettere una goccia di caffè in bocca. Ma non il brasiliano. Tanto meno un italiano. Dalla Casa Grande alla Senzala, dalla villa alla baracca, il caffè è una delle poche abitudini culturali trasversale a tutte le classi sociali.

Il caffè si beve per piacere. Ci sono persone che si allenano per anni per imparare a degustare e ad identificare i molti sapori del caffè. In Brasile, l'Azienda Brasiliana di Ricerca Agropecuaria (Embrapa) ha creato una "lingua elettronica", un sensore gustativo ideato per valutare diverse bevande, tra le quali vino e caffè. Ma per conoscere la qualità del buon caffè (ed anche per distinguere il cattivo), vale solo la prova della tazzina, l'unica per la quale il degustatore valuta le caratteristiche del gusto e aroma del caffè. Secondo la classificazione ufficiale, il caffè brasiliano Arabica ha sette livelli di gusto, essendo il "molle" referenza per i migliori:

Strettamente Molle: Denota tutti i requisiti di aroma e sapore di bevanda molle, ma di forma più accentuata.

Molle: ha sapore gradevole, soave e dolce.

Appena Molle: ha sapore soave, ma la qualità è inferiore ai due anteriori, con una leggera astringenza o asprezza nel palato.

Dura: presenta gusto acre, astrigente e aspro.

Riada e Rio: ha odore e gusto accentuato di iodioformio (acetone)

REPARTIÇÃO...

encarnação inteira sem colocar uma gota de café na boca. Mas não um brasileiro. Muito menos um italiano. Da casa grande à senzala, da mansão ao barraco, o café é um dos poucos hábitos culturais nivelados por sobre o abismo social nacional.

Toma-se café por prazer. Há gente que treina, anos a fio, para aprender a saborear e identificar os muitos sabores do café. No Brasil, a Empresa Brasileira de Pesquisa Agropecuária (Embrapa) chegou a desenvolver uma "língua eletrônica", um sensor gustativo bolado para avaliar diversas bebidas, entre as quais vinho e café. Mas para conhecer a qualidade do bom café (e para saber o que é ruim, também), só vale mesmo a prova da xícara, a única pela qual o provador avalia as características de gosto e aroma do café. Segundo a classificação oficial, o café brasileiro apresenta sete escalas de bebidas, sendo o "mole" referência para todas. Assim:

Estritamente mole: apresenta todos os requisitos de aroma e sabor da bebida mole, mas de forma mais acentuada.

Mole: tem sabor agradável, suave e adocicado.

Apenas mole: tem sabor suave, mas sua qualidade é inferior à dos anteriores, com leve adstringência ou aspereza no paladar.

Dura: apresenta gosto acre, adstringente e áspero.

Riada e Rio: tem cheiro e gosto acentuados de iodofórmio (acetona).

Rio zona, macaco: são denominações regionais para qualificar bebidas com características desagradáveis, bem mais acentuadas que as da bebida rio.

Fuja desses dois últimos, se puder.

Rio Zona o Macaco: sono denominazioni regionali per classificare le bevande con caratteristiche sgradevoli, molto più accentuate che nella bevanda Rio.

Se puoi, scappa da questi ultimi tre.

Uno degli esempi preferiti di Antonello è che nessuno compra vino sulla cui etichetta ci sia scritto solo "vino". Al contrario si compra caffè con la sola scritta "caffè", senza conoscere l'origine dei chicchi, la descrizione dell'aroma, il suolo da cui proviene il frutto, il tenore di acidità. Per questo le caratteristiche del caffè gourmet sono diventate le regole rigide di Antonello Monardo. Nel suo blend, solo bevanda Strettamente Molle o Molle, sia ben inteso. I chicchi sono confezionati in imballaggi con valvola, protetti in vari strati tra i quali si trova l'alluminio, dove potranno vivere confortevolmente l'attesa, per lo meno sei mesi, senza che ossigeno o gas carbonico possano depauperare la loro reputazione. Vedendolo a tavola in casa – o vedendo l'espresso al bar – non si percepisce, ma il caffè resiste "intatto" per mezz'ora dopo la macinatura. Fatto risaputo dai *BARISTI*.

Anzi, il barista sta per il caffè come il somellier sta per il vino, per utilizzare un paragone usuale tra gli amanti delle due bevande. Le dispense in uso nelle lezioni del corso di barista, intitolate "Regole per il Barista", costituiscono una specie di manuale di "boy-scout" degli alunni di Antonello Monardo, la bibbia che lui fa passare di mano in mano tra i suoi discepoli. In esse vi si trovano misteri inspiegabili per i non iniziati – granulometria, compattazione, ossidazione, pulizia e conservazione – che devono essere decifrati un po' alla volta, tra un ristretto e l'altro.

CAFÉ TIPO ARÁBICA

Um dos axiomas preferidos de Antonello é o de que ninguém compra um vinho onde só se lê na garrafa "vinho". Mas compra café escrito só "café", sem saber a procedência dos grãos, a descrição do aroma, dos solos de onde veio a fruta, dos graus de acidezes. Por isso, as exigências do café gourmet formam o regulamento do quartel de Antonello Monardo. Ali, só bebida estritamente mole ou mole, bem entendido. Os grãos são acondicionados em embalagens valvuladas, protegidos por uma capa aluminizada, onde podem viver um conforto de espera, pelo menos de seis meses, sem que nenhuma mácula de oxigênio ou gás carbônico lhe pregue cicatrizes na reputação. Quem vê o café na mesa – ou o cafezinho no balcão – nem percebe, mas ele só se aguenta puro por meia hora depois de moído. Bem sabem os baristas.

Aliás, o barista está para o café como o somelier está para o vinho, apenas para se manter numa comparação usual entre os amantes das duas bebidas. Uma apostila intitulada "Cuidados do Barista" é uma espécie de manual do escoteiro-mirim dos alunos de Antonello Monardo, a bíblia que ele faz passar de mão em mão entre seus discípulos. Há ali mistérios insondáveis para os não iniciados – granulometria, compactação, oxidação, assepsias e armazenamento – a serem decifrados aos poucos, entre um corto e outro.

O fundamento seminal desse conhecimento, contudo, não é a decodificação pura e simples da técnica, mas o olhar do barista, dono das mãos que separam um café do outro. É o barista, tomado de uma intuição dosada de talento e paixão, que

Il seme fondamentale di questa conoscenza non è la decifrazione pura e semplice della tecnica, ma l'occhio del barista, padrone delle mani che separano un caffè dall'altro. È il barista, catturato da un'intuizione dosata di talento e passione, che decide l'importanza che il caffè avrà all'interno di un'azienda commerciale.

Importanza, anzi, che Antonello neppure si permette di discutere in forma relativa: è totale! Lui sa – e insegna, insiste e implora – che una macchina automatica mai farà un caffè nota 10. Una macchina di caffè mai sarà la metallica estensione delle mani di un barista. Il caffè è una bevanda orgogliosa che esige attenzione e mantiene le distanze. Al contrario della macchina, il barista lavora con più variabili: deve tener conto dei sensi e della possibilità di commettere errori. Può migliorare o distruggere un processo che è iniziato diverso tempo prima: nella piantagione, nella raccolta e nella selezione dei chicchi. Prima di arrivare alla tazzina, il buon caffè ha una traiettoria di migrazione di zuccheri, per osmosi, dalla polpa al chicco, una volta che quest'ultimo si sia essiccato al sole, nel processo naturale. Una lotta di uomini e montagne, dove non passano le raccoglitrici meccaniche, né altre macchine.

La mano del barista è, alla fine dei conti, l'estensione, questa sì, delle necessità del caffè. Sono loro, le mani, che dovranno essere rese capaci di compattare, sempre con la stessa forza, sempre con la stessa cura, i chicchi appena macinati (lì al momento) per mantenere lo standard di qualità che andrà a definire, alla fine del processo, la fedeltà del cliente.

Ad Antonello piace applicare un fondamento capitalistico, secco come un chicco nero, al momento di scegliere

ARÁBICA:
44 CROM. 3X MENOS CAFEÍNA
"GOSTOSO" (NOTA 10)
ROBUSTA:
22 CROMOSSOMOS,
RESISTENTE A
PRAGAS, MAS DE
GOSTO DUVIDOSOS.
MOLE: SABOR
SUAVE
ADOCICADO
RIO: TEM
CHEIRO
RUIM
DURA:
GOSTO
ACRE
ÁSPERO
RIO ZONA:

decide a importância que o café vai ter dentro de um estabelecimento. Importância, aliás, que Antonello nem se permite discutir de forma relativa: ela é total. Ele sabe – e ensina, insiste e implora – que uma máquina automática nunca vai fazer um café nota 10. Uma máquina de café nunca será a metálica extensão das mãos de um barista. O café é uma bebida orgulhosa e carente, exige atenção e dispensa distâncias. Ao contrário da máquina, o barista trabalha com mais variáveis, com os conflitos dos sentidos humanos, com margens de erro. Tem o desafio de melhorar ou destruir um processo que se iniciou numa linha de tempo e espaço muito anterior – no plantio, na colheita e na seleção dos grãos. Antes de chegar à xícara, o bom café tem uma trajetória de migração de açúcares, por osmose, da casca para o grão, quando secada no sol, pelo processamento natural. Uma luta de homens e morros, por onde não passam colheitadeiras, nem outras máquinas de guerra dos campos.

A mão do barista é, no fim das contas, a extensão, essa sim, das necessidades do café. São elas, as mãos, que deverão ser condicionadas a apertar, sempre com a mesma força, sempre com o mesmo zelo, o pó recém-moído (ali, diante do barista), para manter o padrão de qualidade que irá definir, no fim do processo, a fidelidade do cliente.

Antonello gosta de aplicar um fundamento capitalista, seco como um grão preto, na hora de escolher um bom café. Para ele, se é barato, não tem qualidade. Simples assim. E faz as contas:

Café gourmet custa aproximadamente = R$ 50 o quilo;

un buon caffè. Per lui, se è di basso prezzo, non ha qualità. Così semplice. E fa i conti:

Caffè Gourmet costa mediamente = R$ 50,00 il kg.;

una dose di caffè = 7 grammi di macinato;

un kg. di caffè – 142 dosi di caffè assoluti (circa 130

dosi, considerando ilnaturalespreco);

un kg. di caffè gourmet = R$ 0,38 per dose (costo),

venduto a R$ 3,50;

ricavo al nettosu un kg. di caffè gourmet, acquistato

a R$ 50,00 = R$ 405,00.

Un guadagno così, scherza Antonello, si ha solo con la cocaina. Ma il caffè, al contrario, è un'attività – e un piacere – legale, che fa bene alla salute, sempre che non si sia sensibili alla caffeina – la sostanza che faceva zampettare le capre del pastore Kaldi per le montagne dell'Etiopia e, probabilmente, anche responsabile della mania di Antonello di parlare di caffè senza fermarsi. Caffè, caffè, caffè. Antonello ripete la parola decine, centinaia di volte al giorno. Tratta i chicchi come neonati, gli dedica cura e studio. Pensa alla qualità dell'acqua per farlo, senza cloro, senza impurità, minerale, limpida, pura. Non è un appassionato del filtro, ma se bisogna usarlo, che sia con caffè di buona qualità. Ricorda che mai bisogna aggiungere l'acqua bollente ("si deve spegnere il fuoco alle prime bollicine!"), ma solo calda, sopra il macinato, per non eliminare l'ossigeno dall'acqua, non bruciare gli zuccheri e gli olii aromatici del caffè. Antonello fugge dalle macchine per caffè filtrato, quelle che si incontrano negli uffici pubblici e che funzionano con i caffè di licitazione ripassati 20 volte, lavati all'esaurimento.

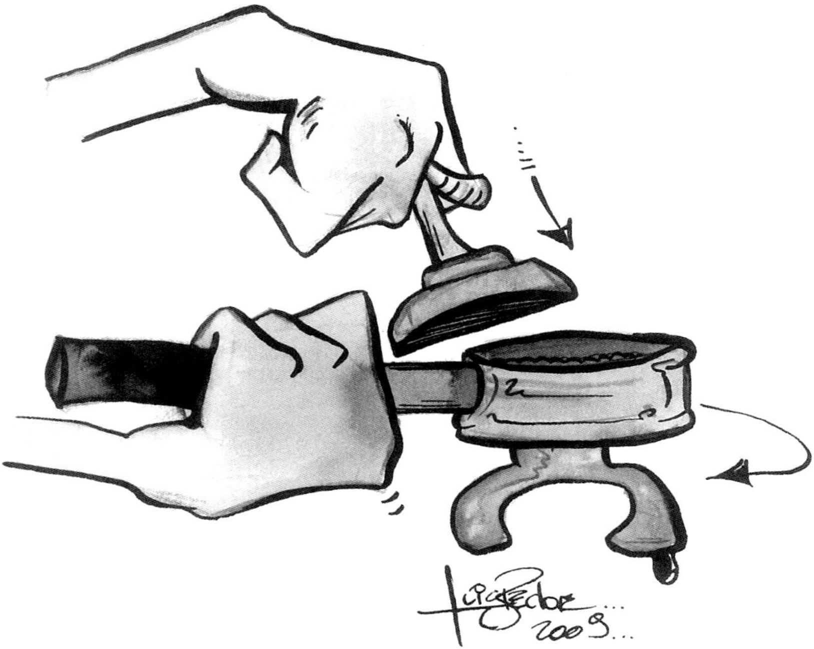

Uma dose de café = 7 gramas de pó;

Um quilo de café = 142 doses absolutas (cerca de 130 doses, consideradas as perdas naturais);

Um quilo de café gourmet = R$ 0,38por dose (custo), vendida a R$ 3,50;

Lucro líquido sobre um quilo de café gourmet, adquirido a R$ 50,00 = R$ 405,00.

Lucro assim, brinca Antonello, só com cocaína. Mas o café, ao contrário, é uma atividade – e um prazer – legal, cheio de boas indicações para a saúde, é claro, se você não for sensível à cafeína – a substância que fazia as cabras do pastor Kaldi quicarem pelas montanhas da Etiópia e, provavelmente, também responsável pela mania de Antonello falar de café sem parar. Café, café, café. Antonello repete a palavra dezenas, centenas de vezes ao dia. A vida toda. Trata os grãos como recém-nascidos, dedica-lhes carinho e estudo. Pensa na qualidade da água para fazê-lo, sem cloro, sem impurezas, mineral, límpida, pura. Não é fã do coador, mas se for usar, tem que ser de boa qualidade. Lembra que nunca se pode jogar água fervente ("tem que desligar na primeira bolha!"), mas só quente, sobre o pó, para não tirar o oxigênio da água, não queimar os açúcares e os óleos aromáticos do café. Antonello foge das máquinas de coar, essas de repartição pública, dos cafés de licitação passados 20 vezes, lavados à exaustão. Prefere usar a técnica italiana, o café feito na moka, aquela panelinha mágica que joga a fervura, aspergida e cheirosa, de baixo para cima. Nunca feito diretamente com açúcar e, se possível, sem acomodá-lo em garrafas térmicas. Mas, se

Preferisce usare la tecnica italiana, il caffè fatto con la Moka, quel pentolino magico che spinge la bollitura, densa e profumata, dal basso verso l'alto. Mai fatto direttamente con lo zucchero e, se possibile, senza metterlo in bottiglie termiche. Ma, se non c'è altra soluzione, consiglia di lasciarlo là per al massimo due ore.

Antonello prima di essere un barista è un purista. Lui traspira l'orgoglio del caffè come se la "custodia" del prezioso frutto fosse sua e di nessun altro, Lui non ha mai piantato un albero di caffè nella sua vita. Ma quando parla di caffè sembra un medico che prescrive un'unica ricetta: caffè. Il buon caffè, dice Antonello, è un santo rimedio. Combatte il Male di Parkinson, Alzheimer, problemi cardiaci. Il medico che parla male del caffè, per lui, dovrebbe informarsi meglio.

Settimanalmente Antonello si dedica a torrefare artigianalmente, come dev'essere per un caffè gourmet, circa 15 kg. di chicchi per volta. Prima prepara la miscela a partire dalla scelta del processo naturale, con l'occhio sulla ciliegia spolpata, variata, per arrivare alla personalizzazione del prodotto, l'impronta digitale del produttore. Lavora con una tostatrice ecologica, che non produce fumo né odori. Antonello sa che solamente l'occhio umano può percepire il punto giusto della torrefazione. Per questo preleva un campione di chicchi e osserva con attenzione la filiera di semi arrossati, a 180° C. Ancora non sta al punto giusto. La torrefazione è appositamente lenta, per fare raggiungere a tutto il caffè l'uniformità. La macchina avvisa con un fischio: iniziano a girare le pale della miscelazione e della ventilazione da cui cadono i chicchi, adesso a 226° C., per essere immediatamente mescolati

não tiver jeito, só deixe ele lá por, no máximo, duas horas.

Isso mesmo. Antonello, antes de ser um barista, é um purista. Ele transpira orgulho de café, como se fosse dele, e de mais ninguém, a guarda da preciosa fruta. Ele nunca plantou um pé de café na vida. Mas quando fala de café, parece um médico a dar uma única receita: café. O bom café, diz Antonello, é um santo remédio. Combate o Mal de Parkinson, Alzheimer, problemas cardíacos. Médico que fala mal de café, para ele, tem que se informar melhor.

Semanalmente, Antonello dedica-se a torrar, de forma artesanal, como bem cabe a um café gourmet, cerca de 15 quilos de grãos de cada vez. Antes, prepara o blend a partir da escolha pelo processo natural, de olho na cereja descascada, variada, para chegar à personalização do produto, a digital do produtor. Trabalha em volta de um torrador ecológico, que não produz fumaça nem cheiro. Antonello sabe que somente o olhar o humano pode dizer o ponto certo de torrefação. Por isso, puxa uma amostra dos grãos e observa com cuidado a fileira de caroços avermelhados, a 108° C. Ainda não está no ponto. A torra é lenta, para alcançar todo o café de forma uniforme. A máquina apita, começa a girar as pás de ventilação por onde caem os grãos, agora a 226° C, para, imediatamente, serem misturados e resfriados. Deixá-los sem esse cuidado seria uma condenação do produto, que continuaria em estado de cocção, mesmo fora das entranhas da máquina. Do reservatório de resfriamento, o café só pode sair quando a temperatura chegar a 50° C. Até lá, as pranchas do resfriador

e raffreddati. Senza questa attenzione sarebbe una condanna del prodotto, che continuerebbe a cuocere, anche fuori dell'interno della caldaia della macchina. Dal recipiente del raffreddamento, il caffè sarà ritirato quando avrà raggiunto la temperatura di 50° C. Fino a quel punto le pale del raffreddatore andranno accarezzando il caffè, massaggiando i chicchi che le sembreranno grati.

Ogni varietà di chicchi utilizzata nella miscela sarà torrefatta separatamente perché, così come le persone, ogni caffè ha il suo tempo di maturità. Solo dopo la torrefazione i chicchi saranno miscelati, uniformemente, tutti allo stesso livello di colore, ma in sincera simbiosi di olii e sapori. Dopo si inizia una relazione intima con il caffè, separato manualmente per colore e dimensione, sotto lo sguardo attento di uno specialista.

Il passo seguente è essere trasformato in memoria per la vita di migliaia di emigranti sconosciuti nelle piantagioni pauliste, attraversare l'Atlantico verso le strade e bar d'Italia, ubriacarsi di storia nel Vecchio Mondo e, finalmente, fare il viaggio di ritorno, riflesso di piccoli simboli degustati, tutti i giorni, a centinaia, nei ristretti preparati e serviti a Brasilia per la ispirata ed eternamente benvenuta follia del calabrese Antonello Monardo.

BLEND
CAFÉ
CAFÉ
CAFÉ
ESPECIAL
CAFÉ
CAFÉ

vão acariciando o café, lambendo os grãos, que parecem agradecidos.

Cada tipo de grão utilizado no blend é torrado separadamente porque, assim como as pessoas, cada café tem seu tempo de maturidade. Só depois de torrados os grãos são misturados, uniformes, todos no mesmo nível de cor, mas em franca simbiose de óleos e sabores. Depois, inicia-se uma relação íntima com o café, separado manualmente pela cor e pelo tamanho, sob o olhar atento de um especialista.

O passo seguinte é ser transformado em memória pela vida dos milhares de imigrantes desconhecidos das lavouras paulistas, cortar o Atlântico em direção às ruas e cozinhas da Itália, embriagar-se de história no Velho Mundo e, finalmente, fazer a viagem de volta, repleto de pequenos símbolos degustados, todo dia, às centenas, nos cortos preparados e servidos em Brasília pela inspirada e eternamente bem vinda loucura do calabrês Antonello Monardo.

CAFÉ SELECIONADO DO "BRA$IL"...
ANTONELLO
MONARDO

Receitas | Ricette

Tiramisù

Ingredientes

250 gr. de queijo mascarpone
250 gr. de creme de leite
5 gemas de ovo
100 gr. de açúcar
1 pacotes de biscoitos champanhe
50 gr. Cacau em pó
10 cafés espresso ou ½ litro de café liquido encorpado
1 dose de Vinho Marsala ou Cognac (opcional)

Modo de preparo

Bater separadamente a creme de leite e o queijo mascarpone, até o ponto de chantilly.
Fazer uma gemada batendo as gemas com o açúcar.
Amalgamar os três ingredientes acima.
Molhar os biscoitos champanhe no café (caso se queira acrescentar ao café o vinho Marsala ou Cognac) rapidamente e fazer uma primeira camada no pirex.
Colocar um estrado acima dos biscoitos molhados da creme amalgamada.
Fazer um segundo estrado de biscoitos molhados.
Colocar outro estrado de creme acima do segundo estrado de biscoitos.
Pulverizar com cacau em pó
Colocar na geladeira.

Ingredienti

250 gr. di mascarpone
250 gr. di panna fresca
5 tuorli d'uovo
100 gr. di zucchero
1 scatola di biscotti Savoiardi
50 gr. cacao in polvere
10 caffè espressi o ½ litro di caffè liquido corposo
1 dose di Vino Marsala o Cognac (opzionale)

Preparazione

Battere separatamente la panna fresca e il mascarpone, fino alla montatura.
Fare uno "zabaione" battendo i tuorli d'uovo e lo zucchero.
Amalgamare i tre ingredienti.
Bagnare i biscotti Savoiardi nel caffè (nel caso lo si desidera, aggiungere al caffè il vino Marsala o il Cognac) rapidamente e fare um primo strato nella pirofila.
Spalmare la crema amalgamata, facendo uno strato sui biscotti bagnati con il caffè.
Fare um secondo strato di biscotti bagnati.
Spalmare un altro strato di crema almalgamata sul secondo strato di biscotti bagnati con il caffè.
Finalizzare spolverando sopra il cacao in polvere.
Mettere in frigorifero.

Granita de Café com Chantilly

Ingredientes

1/2 litro de água
6 xícaras de café espresso ou 250ml de café encorpado
150g de açúcar
1 xícara de creme de leite fresco

Modo de preparo

Em uma panela, dissolva o açúcar no café quente. Junte a água, mexa e deixe esfriar.
Coloque o produto em um recipiente com bordas baixas e leve-o ao freezer.
Depois de duas horas, mexa com um garfo ou colher de pau. Repita a operação algumas vezes a fim de obter uma consistência granulosa.
Bata o creme de leite fresco com um pouco de açúcar, à mão ou na batedeira, até virar chantilly.
Sirva em taça de vidro, colocando o chantilly em um lado da taça. Complete com a granita e finalize com o chantilly.

Ingredienti

1/2 litro di acqua.
6 tazzine di caffè espresso o 250 ml. di caffè corposo
150 gr. di zucchero
1 tazza di panna fresca.

Preparazione

In un recipiente, sciogliere lo zucchero nel caffè caldo, aggiungere l'acqua, mescolare e lasciare raffreddare.
Mettere il prodotto in un recipiente largo con i lati bassi e metterlo nel congelatore.
Dopo un paio di ore, mescolare con una forchetta. Ripetere l'operzione alcune volte fino ad ottenere una consistenza granulosa.
Battere la panna con un poco di zucchero, a mano o nel monta panna, fino a ottenere una consistenza cremosa.
Servire in bicchieri di vetro, aggiungendo la panna montata in un lato del bicchiere, completare con la granita e finalizzare con la panna montata.

Caféijo

Ingredientes

250 gr, de queijo Philadelphia
100 gr. Creme de leite fresco
100 gr. de leite liquido
100 gr. de açúcar (branco)
sementes de linhaça
café espresso

Modo de preparo

Crustar o bordo da taça com as sementes de linhaça
amalgamar o queijo a creme de leite o leite e o açúcar, ajudando se com um mixer
colocar na taça até ½ centímetro da borda.
Versar no centro o café espresso.

Ingredienti

250 gr, di formaggio Philadelphia
100 gr. panna fresca liquida.
100 gr. di latte liquido
100 gr. di zucchero (semolato)
semi di lino
caffè espresso

Preparazione

Formare uma "crosta" nel bordo della tazza con i semi di lino
Amalgamare il formaggio, la panna, il latte e lo zucchero, aiutandosi con un mixer
Inserire nella tazza fino a ½ centímetro dal bordo.
Versare nel centro il caffè espresso.

Caipiroska de café

Ingredientes

50 ml. Vodka
50 ml. de licor de cacau
2 cafés espresso ou 50 ml. café liquido encorpado
1 colher de Nutella
1 colher de creme de leite
3 cubos de gelo

Modo de preparo

Coloque tudo na coqueteleira com gelo
Bata tudo e coloque o coquetel com o gelo batido em uma taça para caipiroska

Ingredienti:

50 ml. Vodka
50 ml. di liquore di cacao
2 caffè espresso o 50 ml. caffè liquido corposo
1 cucchiaio di Nutella
1 cucchiaio di panna
3 cubetti di ghiaccio

Preparazione

Mettere tutto nello sbattitore per cocktail con il ghiaccio
Agitare bene e servire con il ghiaccio battuto in un bicchire per caipiroska

-40° Coffe

Ingredientes

40 ml. vodka
50 ml. de licor de cacau
50 ml. de café
1 colher de Nutella
½ colher de creme de leite
50 ml. licor de chocolate branco
4 folhas de gelatina
200 ml. de água fria
50 ml. calda de chocolate

Modo de preparo:

Previamente coloque as folhas de gelatina na água fria para amolecer. em seguida, retire a água e coloque 1/3 da gelatina amolecida em uma outra panela.
Na panela que ficou os 2/3 da gelatina acrescente vodka, licor de cacau, café, nutella e creme de leite e esquente em fogo baixo até a mistura ficar morna e a gelatina bem dissolvida.
Coloque a mistura em copinhos descartáveis deixando um dedo de espaço.
Coloque o copinho na geladeira e espere ficar sólido.
Na panela onde está 1/3 de gelatina amolecida, coloque o licor de chocolate branco em fogo baixo até a gelatina dissolver.
Espere esfriar um pouco e acrescente um dedo da mistura na primeira gelatina amolecida.
Para retirar coloque os copos em banho-maria com água morna vire o copinho em um prato.
Jogue a calda de chocolate e grão de café por cima.

Ingredienti

40 ml. vodka
50 ml. di liquore di cacao
50 ml. di caffè
1 cucchiao di Nutella
½ cucchiao di panna
50 ml. di liquore di cioccolato bianco
4 fogli di gelatina
200 ml. di acqua fredda
50 ml. copertura di cioccolato

Preparazione

Inizialmente mettere i fogli di gelatina nell'acqua fredda per ammorbidirli; in seguito, ritira l'acqua e inserire 1/3 della gelatina rammollita in un'altra padella.
Nella padella con altri 2/3 di gelatina aggiungere la vodka, il liquore di cacao, il caffè, la Nutella e la panna e riscaldare sul fuoco basso fino a che la miscela sia diventata tiepida e la gelatina si sia sciolta.
Mettere la miscela in bicchierini usa e getta lasciando un dito di spazio.
Mettere in frigorifero aspettando che si solidifichi.
Nella padella dove sta l'altro 1/3 di gelatina ammorbidita, inserire il liquore di cioccolato bianco, riscaldare a fuoco basso fino allo scioglimento della gelatina.
Attendere che si raffreddi e completare il "dito" mancante nei bicchierini che stavano in frigorifero.
Per sformare il prodotto, mettere il bicchierino a bagno-maria in acqua tiepida e girare il bicchierino nel piatto.
Decorare con copertura di cioccolato e chicchi di caffè.

Mousse de café e chocolate

Ingredientes

2 gemas de ovos
150 gramas de açúcar
½ litro de leite frio
1 colher de sopa de amido de milho
1 pacote de gelatina em pó neutra
6 café espresso ou 400 ml. de café encorpado
100 gramas de chocolate meio amargo picado
1 lata de creme de leite sem soro
½ dose de rum

Modo de preparo

Bater bem as gemas com o açúcar.
Misture o leite frio, a maisena dissolvida no leite e leve ao fogo até engrossar, mexendo sempre.
Adicione o café e o chocolate em pedaços ao creme quente mexendo até dissolver totalmente.
Hidrate a gelatina em meia xícara de água fria e depois leve ao micro ondas por 30 segundos para dissolver.
Junte a gelatina dissolvida ao creme quente mexendo bem.
Acrescente o rum e o creme de leite sem soro.
Com o chocolate derretido faça desenhos nas taças.
Derrame o creme de café e leve a geladeira até que fique firme. (4 horas)
Decore cada taça com grãos de café torrados e sirva gelado.

Ingredienti

2 rossi d'uovo
150 gr. di zucchero
½ litro di latte freddo
1 cucchiao per zuppa di amido di mais
1 pacchetto di gelatina in polvere neutra
6 caffè espresso o 400 ml. di caffè corposo
100 gr. di cioccolato fondente tagliato a pezzettini
1 lattina di panna escludendo il siero
½ dose di rum

Preparazione

Battere bene i rossi d'uovo con lo zucchero.
Bescolare il latte freddo, l'amido di mais sciolto nel latte e riscaldare sul fuoco fino a prendere consistenza, sempre mescolando.
Aggiungere il caffè e i pezzettini di cioccolato alla crema calda, mescolando continuamente fino al completo scioglimento degli ingredienti.
Idratare la gelatina in un bicchiere con mezza tazza di acqua fredda e dopo mettere nel forno a micronde per 30 secondi per scioglierla.
Aggiungere la gelatina sciolta alla crema calda mescolando bene.
Aggiungere la panna senza il siero.
Con il cioccolato sciolto decorare la tazza.
Versare la crema di caffè e portare in frigorifero fino alla consistenza. (4 ore)
Finalizzare la decorazione con chicchi caffè tostati e servire gelato.

Biscoito de café e canela

Ingredientes

500gr de farinha de trigo
250gr de açúcar
400gr de margarina
4 colheres de sopa de canela em pó
Açúcar e canela para polvilhar
1 café espresso curto

Modo de preparo

Amasse junto a farinha, o açúcar, a margarina, a canela e o café até obter uma massa homogenia.
Abra a massa com um rolo em superfície enfarinhada, até ficar com meio centímetro de espessura.
Corte com o cortador de biscoito ou com a boca de uma taça de licor.
Leve para assar em assadeira enfarinhada.
Quando estiverem dourados retire-os do forno passe açúcar com canela ainda quentes.

Ingredienti

500 gr. di farina di grano
250 gr. di zucchero
400 gr. di margherina
4 cucchiai grandi di cannella in polvere
mix di zucchero e cannella in polvere
1 caffè espresso corto

Preparazione

Impastare insieme alla farina, lo zucchero, la margherina, la cannella e il caffè fino ad ottenere un'impasto omogeneo.
Stendere l'impasto con un mattarello su una superficie infarinata di uno spessore di mezzo centimetro.
Con un tagliere per biscotti dare la forma desiderata.
Infornare in una teglia infarinata.
Quando saranno dorati ritirarli dal forno e spolverarli con il mix di zucchero e cannella ancora caldi.

Bolo de café, uvas passas e especiarias

Ingredientes

2 xícaras de chá de café bem encorpado
1 xícara de açúcar
2 colheres de sopa de chocolate em pó
2 xícaras de uvas passas
4 colheres de margarina
1 xícara de açúcar
1 colher de chá de baunilha
2 ovos inteiros
2 xícaras de farinha de trigo peneirado
½ colher de bicarbonato de sódio
½ colher de chá de sal
1 colher de chá de canela em pó
1 colher de chá de cravo em pó

Modo de preparo

Em uma panela misture o café, uma xícara de açúcar, o chocolate e as passas e deixe ferver por 10 minutos. Esfrie e reserve.
Bata a margarina e junte o açucare junte o açúcar continuando a bater.
Junte a baunilha os ovos, um de cada vez, continuando a bater.
Peneire juntos a farinha, o bicarbonato de sódio, o fermento, o sal, a canela, e o cravo.
Adicione devagar, mexendo sempre com a mistura de café.
Asse em forma redonda de abrir, untada e enfarinhada, em forno 160° até enfiar um palito no centro do bolo e ele sair limpo.
Desenforme e polvilhe o bolo frio com açúcar de confeiteiro.

Ingredienti

2 tazze (grandi come quelle per il thè) di caffè corposo
1 tazza di zucchero
2 cucchiai grandi di cacao in polvere
2 tazzine di uva sultanina
4 cucchiai di margherina
1 tazza di zucchero
1 cucchiaino di vaniglia
2 uova intere
2 tazze di farina setacciata
½ cucchiao di bicarbonato di sodio
½ cucchiaino di sale
1 cucchiaino di cannella in polvere
1 cucchiaino di chiodi di garofano in polvere

Preparazione

In una padella mescolare il caffè, una tazza di zucchero, il cioccolato e l'uva sultanina e lasciare bollire per 10 minuti, raffreddare e mettere da parte
Battere la margherina insieme allo zucchero.
Unire la vaniglia alle uova, uno per volta, continuando a battere.
Setacciare la farina insieme, al bicarbonato di sódio, il lievito, il sale, la cannella e i chiodi di garofano.
Informare in uno stampo rotondo con apertura, ingrassando e infarinando, nel forno caldo a 160° fino ache inserendo uno stuzzicadenti nel centro della torta sale pulito.
Sformare e spolverare la torta fredda con zucchero a velo.

Filé mignon ao molho de café e pimenta rosa

Ingredientes

1 filé de 250 gramas
Sal
Pimenta do reino.
1 café espresso
4 colher de sopa de creme de leite fresco
Pimenta rosa
Azeite de oliva

Modo de preparo

Tempere o medalhão de filé com a pimenta do reino
Aqueça na grelha o azeite e doure o medalhão de filé,
Polvilhe com sal de todos os lados.
Deixe dourar.
Retire o filé e mantenha-o aquecido.
Na grelha despeje o café espresso e mexa bem o fundo para retirar todo resíduo de fritura.
Junte o creme de leite e deixe ferver.
Corrija o sal e a pimenta, cubra o filé com o molho.
Decore com pimenta rose e sirva imediatamente.

Ingredientei

1 filet mignon di 250 grammi
Sale
Pepe nero.
1 caffè espresso
4 cucchiai grandi di panna fresca liquida
Pepe rosa in grani
Olio extra vergine di oliva.

Preparazione

Condire il filet mignon con pepe nero
Scaldare l'olio nella padella e dorare il filet mignon.
Condire con il sale sui due lati.
dorare.
Ritirare il filet e mantenere il condimento caldo.
Nella padella versare il caffè espresso e mescolare bene raschiando il fondo per assorbire tutto il residuo della frittura.
Unire la panna liquida e lasciar bollire.
Correggere il sale ed il pepe e coprire il filet con il preparato.
Decorare con grani di pepe rosa e servire immeditamente.

Caffé Nocciola

Ingredientes

Creme de Leite fresco = 1 litros
Açúcar do Confeiteiro = 1 kg.
Leite Liquido = 350 ml.
Pasta Nocciola = 250 gr.
Café Espresso curto = 1

Modo de preparo

Colocar em uma tigela o açúcar do confeiteiro, despejar aos pouco o leite e o creme de leite, depois colocar a "Pasta Nocciola". Guardar na geladeira.
Colocar no copo de drink uma dose de gr. 50 e a cima uma dose de café curto

Ingredienti:

Panna Fresca = 1 litro
Zucchero impalpabile = 1 kg.
Latte liquido = 350 ml.
Pasta Nocciola = 250 gr.
Caffé Espresso ristretto = 1

Preparazione

In una ciotola mischiare lo zucchero impalpabile, in seguito il latte e la panna, facendo attenzione a non fare grumi, dopo la "Pasta Nocciola". Conservare in frigorifero.
In un bicchiere per drink mettere una dose de gr. 50 e a "filo" una dose di caffé ristretto

Caffé delle Riviere

Ingredientes:

Calda de Chocolate
Leite Vaporizado
Café Espresso Curto = 1
Azeite Extra Virgem = 1 colherzinha de café
Sal doce de Cervia = 2 gramas

Modo de preparo

Colocar no fundo do copo de drink, a calda de chocolate, acima colocar o sal, depois o leite vaporizado deixando o espaço para o café espresso curto, o azeite a fio e o café espresso.

Ingredienti:

Topping di Cioccolato = 30 ml.
Latte vaporizzato
Caffé Espresso ristretto = 1
Olio Extra Vergine d'Oliva DOP della Riviera Ligure = 1 cucchiaino di caffé
Sale dolce di Cervia = 2 grammi

Preparazione

In un bicchiere per drink, mettere nel fondo il topping di cioccolato, il sale, dopo il latte vaporizzato, lasciando uno spazio per l'olio e il caffé ristretto che sará inserito "a filo".

Glossário | Glossario

.Pastor Kaldi – Diz a tradição que, no século XI, um jovem pastor chamado Kaldi, que vivia nas montanhas da Abissínia (atual Etiópia), percebeu mudanças no comportamento das cabras tocadas por ele na região. Isso acontecia sempre que os animais comiam a cereja de um tipo particular de arbusto encontrado entre as fendas férteis das rochas. Ficavam, então, mais alegres e dispostas. Kaldi, então, decidiu colher as frutinhas e delas fez uma infusão em forma de chá. Passou, ele mesmo, a resistir melhor ao sono e à dura rotina do monastério onde vivia. Tinha descoberto o café. **(item 1)**

.Meca – Cidade natal do profeta Maomé, é considerada um local sagrado e a mais importante das cidades santas do Islamismo. Ao orar, para ela se voltam, cinco vezes por dia, os muçulmanos do mundo todo. **(item 2)**

.Fuga dos turcos de Viena – Em 1683, o exército turco sitiou Viena, capital do Império Austro-Húngaro, mas foi rechaçada por uma aliança ocidental formada por austríacos e poloneses. Na fuga, os turcos deixaram, nas portas da cidade, sacas de café que foram recolhidas e transformadas num valioso espólio de guerra para o Ocidente. **(item 3)**

.Palheta – De olho no potencial econômico do café, e a mando da Coroa Portuguesa, o sargento-mor Francisco de Melo Palheta foi enviado à Guiana Francesa para contrabandear sementes da fruta para o Brasil. Em Caiena, acabou por conquistar a confiança da esposa do governador da Guiana, madame D'Orvilliers, que lhe

.Pastore Kaldi – Dice la tradizione che, nel secolo XI, un giovane pastore chiamato Kaldi, che viveva nelle montagne dell'Abissinia (attuale Etiopia), ha notato dei cambiamenti nel comportamento delle capre che pascolava nella regione.
Questo succedeva ogni volta che gli animali mangiavano una ciliegia di un particolare arbusto incontrato nelle fessure fertili delle rocce.
.Diventavano, per questo, più allegre e meglio disposte. Kaldi, allora, decise di raccogliere i fruttini e con essi fece un'infusione. Anche lui, iniziò a resistere meglio al sonno e alla dura routine del monastero dove viveva. Aveva scoperto il caffè. (item 1)

.Mecca – Città natale del profeta Maometto, è considerata un luogo sacro ed è la più importante città santa dell'Islamismo. I musulmani, quando pregano, si voltano nella sua direzione, cinque volte al giorno. (item 2)

.Fuga dei turchi da Vienna – Nel 1683, l'esercito turco si situò a Vienna, capitale dell'Impero Austro-Ungarico, ma venne poi respinto da un'allenza occidentale formata da austriaci e polacchi. Durante la fuga, i turchi lasciarono, nelle porte della città, sacche di caffè, che furono raccolte e trasformate in un valoroso trofeo di guerra per l'Occidente (item 3)

.Palheta – Con l'occhio sul potenziale economico del caffè, e su ordine della Corona Portoghese, il sergente-moro Francisco de Melo Palheta fu inviato nella Guiana Francese per contrabbandare i semi del caffè per il Brasile. In Caiena, finisce per conquistare la fiducia della sposa del governatore della Guiana,

presenteou com algumas mudas de café. **(item 4)**

.Profecia de Dom Bosco – Em 30 de agosto de 1883, Dom Bosco, padre italiano fundador da Ordem dos Salesianos, teve um de seus famosos sonhos que, em seguida, foi assim relatado por ele: "Entre os paralelos de 15° e 20° havia uma depressão bastante larga e comprida, partindo de um ponto onde se formava um lago. Então, repetidamente, uma voz assim falou: 'Quando vierem escavar as minas ocultas, no meio destas montanhas, surgirá aqui a terra prometida, vertendo leite e mel. Será uma riqueza inconcebível'". Em 1957, o presidente do Brasil Juscelino Kubitschek decidiu construir a capital, justamente, entre os paralelos sonhados por Dom Bosco. **(item 5)**

.Sorveteria – Os primeiros relatos sobre o sorvete são de três mil anos atrás, na China. Na época, os chineses começaram a preparar uma pasta de leite de arroz misturado à neve para se alimentar. No século XIV, o veneziano Marco Polo voltou de uma longa viagem ao Oriente com a primeira receita para fabricação de sorvete à base de água que, desde então, virou um hábito muito arraigado na vida e na alimentação dos italianos. **(item 6)**

.Alquimista – A alquimia era uma tradição medieval que combinava elementos de química, física, astrologia, arte, metalurgia, medicina, misticismo e religião. Os alquimistas buscavam transmutar metais inferiores em ouro e obter o Elixir da Longa Vida, um remédio que curaria todas as doenças e daria vida eterna a quem o ingerisse. **(item 7)**

madame D'Orvilliers, che gli diede in dono alcune piantine di caffè. (item 4)

.Profezia di Don Bosco – Il 30 agosto del 1883, Don Bosco, padre italiano fondatore dell'Ordine dei Salesiasi, ebbe uno dei suoi famosi sogni che, in seguito, è stato così da lui descritto: "Tra i paralleli 15° e 20° esiste un'altopiano abbastanza largo e lungo, partendo da un punto dove si formerà un lago. Allora, ripetutamente, una voce così ha parlato: «Quando verranno a scavare le miniere nascoste, nel mezzo di queste montagne, sorgerà qui la terra promessa, versando latte e miele. Sarà una ricchezza incredibile»". Nel 1957, il presidente del Brasile Juscelino Kubitschek decide di costruire la capitale, giustamente, tra i paralleli sognati da Don Bosco. (item 5)

.Gelateria – Le prime informazioni sul gelato risalgono a tremila anni fa, in Cina. In quell'epoca, i cinesi iniziarono a preparare una pasta di latte di riso mischiata alla neve per alimentarsi. Nel secolo XIV, il veneziano Marco Polo ritornò dal suo lungo viaggio in Oriente con una prima ricetta per la fabbricazione di gelato a base d'acqua che, da allora, è diventato un'abitudine radicata nella vita e nell'alimentazione degli italiani. (item 6)

.Alchimista – L'Alchimia era una pratica magico-scientifica medioevale che combinava elementi della chimica, fisica, astrologia, arte, metallurgia, medicina, misticismo e religione. Gli alchimisti cercavano di trasformare metalli poveri in oro e ottenere l'Elisir della Lunga Vita, un medicinale che curava tutte le malattie e avrebbe dato la vita eterna a chi lo avesse ingerito. (item 7)

.Minas Gerais – Rico em tradições artísticas, culturais, políticas e gastronômicas, Minas Gerais é o quarto maior estado brasileiro, em extensão, e o segundo em população. No início do século XIX, a cafeicultura foi introduzida em Minas e logo se tornou a principal atividade da então província do Império do Brasil. Até hoje, a boa qualidade do solo e do clima do sul mineiro garantem a produção de um dos melhores cafés do planeta. **(item 8)**

.Baristas & somelliers – Barista é o profissional especializado em manejar cafés de alta qualidade, além de trabalhar com drinks baseados na manipulação do profuto e outros ingredientes, como licores, cremes e bebidas alcoólicas. O somellier é um especialista em vinhos. Ambos tem em comum o fato de serem gaurdiãos da qualidade e da integridade de duas das mais famosas bebidas do mundo. **(item 9)**

.Minas Gerais – Ricco di tradizioni artistiche, culturali, politiche e gastronomiche, Minas Gerais è il quarto stato brasiliano per estensione e il secondo per popolazione. All'inizio del secolo XIX, la caffecoltura è stata introdotta in Minas e presto è divenuta la principale attività della allora provincia dell'Impero del Brasile. Fino ad oggi, la buona qualità del suolo e del clima del sud minero garantisce la produzione di uno dei migliori caffè del mondo. (item 8)

.Baristi & Somelliers – Il barista è il professionista specializzato nel manipolare i caffè di alta qualità, oltre a lavorare con drinks basati nella manipolazione del prodotto ed altri ingredienti, come liquori, creme e bevande alcoliche. Il somellier è uno specialista di vini. Ambedue hanno in comune il fatto di essere i guardiani della qualità e della integrità di due delle più famose bevande al mondo. (item 9)

Testemunhos | Testimonianze

Hoje posso me declarar um apaixonado por café. E isso se deve muito ao Antonello Monardo, que além de entender e falar com muito amor sobre café, foi o precursor em Brasília do café de alta qualidade, café gourmet mesmo, nos livrando dos cafés medianos, comparando ao salto de qualidade que demos no café por aqui por parte do Antonello como ficamos livres no Brasil das famosas garrafas azuis de vinhos.

Francis Christian Alves Scherer Bicca

Oggi posso dichiararmi appassionato per il caffè. E questo lo devo molto ad Antonello Monardo, che oltre a capire e parlare con molto amore del caffè, a Brasilia è stato il precursore del caffè di alta qualità, il vero caffè gourmet, liberandoci dai caffè di qualitá media; per fare un paragone riguardo al salto di qualitá avutosi con il caffè grazie ad Antonello, é come la liberazione delle famose "bottiglie blu" avutasi con il vino.

Francis Christian Alves Scherer Bicca

Desde que passo a metade do meu tempo na Itália para desempenhar o meu papel como deputado eleito na Circunscrição do Exterior da Câmara dos Deputados Italianos, voltei, é claro, na frequentação dos bares italianos. Se existe um lugar que gosto onde a inspiração italiana é revelada em toda a sua exuberância e riqueza, este é o bar. Ou melhor, é o balcão onde os fregueses acostumam pedir o café. Quem quer normal? Quem quer sem cafeína? Longo? Curto? Pelando? Morno? Na xícara ou no copo de vidro? Manchado quente ou manchado frio? Para não mencionar o cappuccino, o marroquino, o leite escuro, o leite claro e assim por diante. Em uma turma de amigos, e um milagre ocorrer a uniformidade de pontos de vista. Pessoalmente, participo destas mudanças de gosto alternando cafés quentes e frios, manchados quentes e manchados frios. Para mim, que venho do Brasil, um dos locais de produção de algumas espécies de melhor café do mundo, o ritual do café me dá emoções profundas

Da quando passo la metà del mio tempo in Italia per svolgere la mia funzione di deputato eletto nella Circoscrizione Estero ho ricominciato, naturalmente, a frequentare i bar italiani. Se c'è un posto in cui l'estro e il gusto italiano si manifestano in tutta la loro esuberanza e ricchezza questo è il bar. O meglio, è il bancone dove gli avventori ordinano il caffè. Chi lo vuole normale chi decaffeinato, chi lungo chi corto, chi bollente chi tiepido, chi alla tazza chi al vetro, chi macchiato caldo chi macchiato freddo, senza contare il cappuccino, il marocchino, il latte scuro, il latte chiaro e via dicendo. In una piccola comitiva di amici, si grida al miracolo se di fronte al caffè si verifica una completa uniformità di vedute. Personalmente, partecipo a questa girandola alternando caffè caldi e freddi, macchiati caldi e macchiati freddi.

Per me che provengo dal Brasile, uno dei posti di produzione di alcune tra le specie di caffè migliori al mondo, il rito del caffè mi dà emozioni profonde che qualche volta partecipo agli amici. Il caffè per un italo-brasiliano è anche storia, epopea, sacrificio, impresa, successo.

que, às vezes participo com os amigos. O café para um ítalo-brasileiro, é também historia, epopeia, sacrifício, empreitada e sucesso. Eu não consigo pensar sem emoção no fato de que o cultivo do café nas fazendas grande Paulista tem sido um imã há mais de um século, para milhões de italianos que no Brasil procuravam a própria promoção pessoal e familiar. Histórias de trabalho, resolução e integração, muitas vezes bem sucedidas, mas também histórias de sacrifícios e, por vezes, desventuras físicas e sociais. Uma verdadeira epopeia, animada e fluente fez com que o café brasileiro resistisse à concorrência no mercado internacional. Para mim, italiano no Brasil, o café, foi confronto de gosto e comparação cultural, brincando com algum amigo brasileiro, quando você toma a competição inevitável entre cafezinho e espresso, de comprovada característica italiana.

O café também foi o teste de alguns italianos que nesta área puderam medir as qualidades comerciais e o próprio gosto gastronômico

É o caso de Antonello Monardo, que dentro de poucos anos ele tem sido capaz de esculpir um ícone de prestígio na comercialização de café de qualidade. Antonello conseguiu se colocar em evidencia, porque em todos os segmentos do seu negócio vai sempre escolher o melhor: a qualidade do produto, o tipo de torrefação, os equipamentos estritamente italianos, a quantidade de café no espresso, que deve ser naturalmente "ristretto". Quero agradecer a ele não apenas pela alegria que seus espressos nos dão, mas também porque demonstra em ações diárias que é possível ser inteligentemente italianos e brasileiros

Non riesco a pensare senza commozione al fatto che la coltivazione del caffè nelle grandi fazende pauliste è stato un polo di attrazione, oltre un secolo fa, di milioni di connazionali che in Brasile cercavano la loro promozione individuale e familiare. Storie di lavoro, di insediamento e di integrazione, spesso di successo, ma anche storie di sacrifici e talvolta di sventure fisiche e sociali. Una vera epopea, insomma, che è stata fervida e fluente finché il caffè brasiliano ha retto la concorrenza sul mercato internazionale.

Per me italiano in Brasile il caffè è stato anche confronto di gusto e comparazione culturale, giocati scherzosamente con qualche amico brasiliano, quando scattava l'inevitabile gara tra il cafezinho e l'espresso, di accertata caratteristica italiana.

Il caffè è stato anche il banco di prova di alcuni italiani che in questo settore hanno potuto misurare le loro qualità commerciali e il loro gusto gastronomico. E' questo il caso di Antonello Monardo, che nel giro di pochi anni ha saputo ritagliarsi un'icona di prestigio nel campo della commercializzazione del caffè di qualità. Antonello è riuscito a distinguersi perché in ogni segmento della sua attività sceglie sempre il meglio: la qualità del prodotto, il tipo di torrefazione, le macchine rigorosamente italiane, la quantità di caffè dell'espresso, che deve essere naturalmente ristretto.

Voglio ringraziarlo non solo per la gioia che i suoi espressi ci danno, ma anche perché dimostra con i fatti e quotidianamente che se si riesce ad essere intelligentemente italiani e brasiliani si dà gioia agli altri e ci si guadagna.

fazendo a alegria dos outros, e também ganhar.

Fabio Porta, Deputado italiano eleito na Repartição America Meridional.

Um livro para ler para quem fez do café a sua paixão e o viva com o sentimento de que é capaz o autor.

Carlo Odello, Istituto Internazionale Assaggiatori Caffè.

De acordo com uma antiga canção napolitana, o café "somente a Nápoles os sabe fazer" Desde que foram escritos estes versos a arte de produzir um bom café e de degusta-lo em um momento de pausa e reflexão se espalhou rapidamente por toda a Itália e, em seguida, quase em todo o mundo. Um espresso, produzido com perfeição, e bebido em um local agradável sozinho ou com alguns amigos, também se tornou, com razão, um ícone do modo de vida italiano. Antonello Monardo é intérprete inteligente e fantasioso dessa filosofia que é expressa no livro chamado "Louco por café, Antonello Monardo" abordando a questão com clareza e humor. O seu café esgotou e seu livro também, na medida em que foram necessários, apenas alguns meses do seu lançamento, produzir uma nova edição. Desejo com todo o coração um sucesso que certamente não faltará, uma vez que nos ajudará a refletir, entre o sério e o jocoso, sobre as pequenas coisas que dão sentido e sabor à nossa vida diária como o café.

Gherardo La Francesca, Embaixador da Itália no Brasil.

On. Fabio Porta, Deputato italiano eletto nella Ripartizione America Meridionale.

Un libro da leggere per chiunque abbia fatto del caffè la sua passione e lo viva con il sentimento di cui è capace l'autore.

Carlo Odello, Istituto Internazionale Assaggiatori Caffè.

Secondo un'antica canzone napoletana, il caffè "solo a Napule ù sanno fa". Da quando furono scritti questi versi l'arte di produrre un buon caffè e di gustarlo in un momento di pausa e riflessione si è diffusa rapidamente in tutta Italia e, successivamente, quasi in tutto Il mondo.

Un espresso, prodotto a regola d'arte, e bevuto in un posto gradevole da soli o con persone amiche, è diventato a ragione una icona del modo di vivere italiano.

Antonello Monardo è interprete inteligente e fantasioso di questa filosofia che ha dovuto esprimere in un libro intitolato "Pazzo per Il caffè, Antonello Monardo" affrontando il tema con luciditá e ironia.

Il suo caffè è andato a ruba ed Il suo libro anche, al punto tale che è necessário, a pochi mesi del suo lancio, produrne una nuova edizione.

Auguro di tutto cuore un successo che certamente non mancherà ancora una volta e che ci aiuterá a riflettere, tra Il serio ed Il faceto, sulle piccole cose che danno senso e sapore alla nostra vita di ogni giorno.

Come Il caffè.

Gherardo La Francesca, Ambasciatore d'Italia in Brasile.

"Louco por café" gostaria de defini-lo como um documento que testemunha e coloca em evidência a importante realidade de ontem e de hoje em muitas frentes .. o café, a imigração, a Itália no mundo. Antonello também evidencia uma diretriz para muitos consumidores da bebida preta, quais são os prós e os contras de preparar uma xícara...além disso, retenho que o texto seja matéria de exemplo para muitos que acreditam em uma missão enraizada longe das próprias origens (na família) .. exemplo também para aqueles que acreditam na excelência do seu trabalho. Lendo o texto se entende que tudo leva a uma grande e única paixão: o café.

Luca Ramoni, Presidente Accademia Italiana Maestri del Caffé

A história do café está nas veias de Antonello, intraprendente e simpático calabrês que voltou às suas origens, seguindo o caminho de seu avô, que chegou ao Brasil no início do século passado. Antonello foi onde seu coração o levou: a descoberta de tantos porquês, que, após 20 anos no Brasil, ainda procura a resposta. O seu amado café o terá acordado na memória de uma longa viagem enfrentada por seu avô, que, como muitos outros esperançosos e pobres italianos, saiam enfrentando um mar de incógnitas na esperança de mudar a própria vida e a de seus entes queridos. Com um olhar para o passado, auxiliado por sua iniciativa brilhante, que o fez um imigrante da nova geração realmente realizado, e ali, em Brasília,

"Pazzo per il caffè" lo definirei un documento di testimonianza che porta in luce la realtà significativa di ieri e di oggi su molti fronti..il caffè, l'immigrazione, l'Italia nel mondo. Antonello espone inoltre una linea guida per molti consumatori della nera bevanda, di quali sono i pregi e i difetti della preparazione in tazza..oltre a ciò ritengo che il testo sia materia d'esempio per molti che credono in una missione radicata fin dalle proprie origini (nella famiglia) ..esempio inoltre per chi crede nell'eccellenza del proprio lavoro e leggendo il testo si comprende che tutto riporta ad una grande ed unica passione: il caffè.

Luca Ramoni, Presidente Accademia Italiana Maestri del Caffé

La storia del caffè è nelle vene di Antonello, intraprendente e simpatico calabrese che è tornato alle origini seguendo il cammino del nonno, che in Brasile arrivò all'inizio del secolo scorso.

Antonello è andato dove l'ha portato il cuore, alla scoperta di tanti perché per i quali, dopo 20 anni di Brasile, cerca ancora, la risposta.

Il suo amato caffè lo terrà sveglio nel ricordo del lungo viaggio affrontato dal nonno che, come tanti altri speranzosi e poveri italiani, partivano affrontando un mare di incognite nella speranza di cambiare la vita e quella dei loro cari.

Con uno sguardo al passato, aiutato dal suo brillante spirito d'iniziativa che ne ha fatto un emigrante della nuova generazione davvero realizzato, è lì, a Brasilia, pronto a raccogliere i frutti tanto attesi del suo amore così profondo per questa magica bevanda, in un Brasile che guarda ad un futuro radioso, caldo

pronto para colher os frutos tão esperados do seu amor tão profundo para essa mágica bebida, em um Brasil que olha para um futuro brilhante, quente e reconfortante como o café de Antonello.

Max de Tomassi, apresentador do programa "Brasil", no ar na Radio Uno Rai

Caro Antonello (Lelo diria a que está na cidade italiana de Trieste até a fronteira com a Eslovénia) Em outubro de 2009, o número de GTTC Roasters News, uma revista dirigida por mim, trouxe em artigo intitulado "Um homem fazedor de loucos ': Antonello Monardo. Na verdade, mostra como o amor louco de um homem "por este pequeno feijão 'pode ser a inspiração para um livro desta envergadura, cheio de paixão, justamente pela bebida aromática. Lendo isso, você sente o desejo de transferir para o leitor todo o conhecimento sem ciúme sinistro. Não só isso, até mesmo livros de banda desenhada que enriquecem as páginas, permitindo uma leitura agradável e informativa. Receitas, certamente das mais saborosas ... Eu só vou me convidar para comer algo caro Lelo! O livro: convida para uma viagem a um mundo cheio de cerejas e feijão, colhidos e secos, torras e misturas; para os amantes gourmet e barmens. O sonho é claro desde o início: permitir que cada jogador faça um verdadeiro espresso italiano! Concluo, usando as mesmas palavras contidas na revisão: que o livro deve ser lido pelos amantes do café, na certeza de que ele pode ser um enriquecimento para aqueles que, por meio de, uma leitura rápida, e rassicurante come il buon caffè di Antonello.

Max de Tomassi, conduttore del programma "Brasil", in onda su Radio Uno Rai

Carissimo Antonello (Lelo diremmo a nell'estremo lembo italiano che è la città di Trieste, al confine con la Slovenia), Nel numero di Ottobre 2009 del Notiziario Torrefattori del G.T.T.C., periodico da me diretto, titolavo "Un uomo 'pazzo per il caffè': Antonello Monardo". In effetti, solo un uomo 'pazzo di amore per questo piccolo chicco' poteva essere l'ispiratore di un volume di questa portata, ricca di passione e amore, appunto, per l'aromatica bevanda.

Leggendolo, si percepisce la bramosia a trasferire al lettore tutto il sapere, senza bieca gelosia. Non solo, anche i fumetti che arricchiscono le pagine, permettono una lettura piacevole e divulgativa.

Che dire poi, delle ricette, sicuramente una più gustosa dell'altra... dovrò proprio farmi invitare a mangiare qualcosa dal caro Lelo!

Il libro: un invitante viaggio in un mondo ricco di drupe e chicchi, raccolte e asciugature, miscele e tostature, gourmet, baristi e appassionati della materia. Il sogno si evince fin dall'inizio: permettere ad ogni lettore di realizzare un vero buon Espresso italiano!

Concludo, usando le medesime parole riportate nella recensione, direi che potremmo affermare come il volume debba essere letto dagli amanti del caffè, con la certezza che esso possa essere un arricchimento per coloro che gli daranno almeno una rapida lettura:

descubra aromas, prazeres e sabores para atender aos olhos e ao paladar. Com amor e incentivo para continuar nesta estrada.

Gianni Pistrini, Diretor do Noticiario do Grupo Triveneto Torrefattori Caffè

Sou testemunha, e sujeito, da mudança de cultura que a sociedade brasiliense vem adquirindo, nestes últimos cinco anos, quanto ao café espresso. Café, ou melhor, cafezinho, sempre foi um hábito (não cultural) do brasileiro. Sempre presente em nosso desejum e no lanche da tarde, acompanhado do pãozinho francês. Mas, o café consumido com certo ritual, apreciação, estudo, degustação, etc., é coisa de pouco tempo. E afirmo que o meu amigo Antonello Monardo, a quem devo a minha paixão, hoje, pelo café gourmet, é o precursor dessa cultura entre os brasilienses. Não havia (e ainda não há) evento em que lá não estaja uma máquina e um barista (sim, desde o início, de forma profissional) com a marca Antonello Monardo para tirar um espresso à italiana. Assim, com seu jeito cativante, falante e convincente, aos poucos fomos ingressando na confraria do café espresso. Fico muito feliz pela cultura que hoje temos em Brasília de tomar um espresso, antes dominado pelos almoços e chopps para justificar uma reunião ou um final de tarde com os executivos ou amigos. Antonello Monardo, desejo mais e mais sucesso em sua determinação de amar e semear o amor pelo espresso que, por ser italiano, não deixa de ser também muito brasileiro.

una delizia di aromi e sapori destinati a soddisfare gli occhi e il palato.

Con affetto e incoraggiamento a proseguire sul questa strada.

Gianni Pistrini, Direttore Notiziario del Gruppo Triveneto Torrefattori Caffè

Io sono un testimone e protagonista del cambiamento culturale che la societá brasiliense sta realizzando da cinque anni a questa parte, come il caffè espresso. Il caffè, o meglio, il cafèzinho è sempre stato un'abitudine (non una cultura) dei brasiliani. Sempre presente nelle nostre pause ricreative e nei nostri intermezzi, accompagnato da uno spuntino di pane e burro. Ma il caffè, consumato come un rito, con piacere, degustandolo dopo averlo desiderato, ecc., è una cosa recente. E affermo che il mio amico Antonello Monardo, a cui devo la mia attuale passione per il caffè gourmet, è il precursore di questa cultura diffusasi fra i brasiliensi. Non vi era (e ancora no vi è) alcun evento nel quale non vi fosse una macchina di caffè e un barista (il tutto, fin dall'inizio, con notevole professionalità) con il marchio di Antonello di Monardo per avere un'espresso all'italiana. Così, con il suo stile accattivante, espressivo e convincente, a poco a poco siamo entrati nella confraternita del caffè espresso. Sono molto felice per la cultura del prendere un'espresso che abbiamo oggi a Brasilia, prima dominata dall'abitudine di pranzi e bicchieri di birra per giustificare una riunione o un fine pomeriggio con colleghi o amici. Ad Antonello Monardo auguro sempre più successo nella sua determinazione di amare e far amare la passione per l'espresso, che è italiana ma è anche molto brasiliana.

Márcio Franca, Presidente SINDIVESTE/DF

Márcio Franca, Presidente SINDIVESTE/DF

Em Brasília, falar em qualidade de café é sinônimo de Antonello Monardo! Veio, viu e estabeleceu um marco. Está definido um padrão de qualidade, persistência e eficácia. Ninguém mai nesta cidade poderá tratar o café como algo secundário. Café significa excelência! Obrigado Antonello Monardo, a gastronomia precisa ser-lhe grata.

Francisco Ansilliero, Chef do Dom Francisco Restaurante

O que tem atrás do prazer de uma xícara de café? Um mundo de fragrâncias de misturas , de alquimias de sabores. Tem uma arte antiga de segredos repassada por gerações, tem o trabalho e a historia de muitos homem.

"Louco por café" nos leva rumo a essas dimensões e abre novos horizontes. Nesse livro que junta a historia do Brasil e a tradição italiana, na paixão por um comum alimento, tem também um pedaço da Calábria na procura das raízes distantes. Um agradecimento a Antonello Monardo para esse entusiasmante trabalho.

Piero Muscari, fundador "Eccellenze Calabresi" (www.eccellenzecalabresi.it)

A Brasilia, parlare di caffè di qualità è sinonimo di Antonello Monardo! É venuto, ha visto e ha posto una pietra miliare. È stato definito uno standard di qualità, continuità ed efficacia. Nessuno mai in questa città potrà più trattare il caffè come qualcosa di secondario. Caffè significa eccellenza! Grazie Antonello Monardo, la gastronomia ti deve gratitudine.

Francisco Ansilliero, Chef del Ristorante Don Francisco

Cosa c'è dietro il piacere di una tazzina di caffè? Un mondo di fragranze di miscele, di alchimie di sapori. C'è un'arte antica di segreti tramandati per generazioni, c'è il lavoro e la storia di tanti uomini.

"Pazzo per il Caffè" ci conduce verso queste dimensioni ed apre nuovi orizzonti, in questo volume che lega la storia del Brasile e la tradizione italiana, nella passione per un comune alimento e c'è anche un pezzo di Calabria nella ricerca di radici lontane. Un grazie ad Antonello Monardo per questo suo entusiasmante lavoro.

Piero Muscari, fondatore "Eccellenze Calabresi" (www.eccellenzecalabresi.it)

CAFÉ
CAFÉ SELECIONADO

Aberto...
CAFÉ